PETER DYCKHOFF

IN DER STILLE VOR DIR

PETER DYCKHOFF

IN DER STILLE VOR DIR

Gebete

Media Maria Verlag

IN DER STILLE VOR DIR

VORWORT

Das tiefste und erfüllendste Gebet ist für mich ein Schweigen vor Gott, ein Innehalten ohne Worte und Gedanken. Wenn diese Momente geschenkt werden, haben sie etwas von einem Staunen, wie es Kindern manchmal noch eigen ist. Im Christentum gibt es verschiedene Wege, die zu diesem Innehalten führen, das in ruhevoller Wachheit erlebt wird. Vor allem die Mystik hat es sich zur Aufgabe gemacht, diese Wege zu weisen.

Ein Mystiker ist keine besondere Art Mensch, sondern jeder Mensch ist auf seine besondere Art ein Mystiker. Mystisches ist im Menschen angelegt, sodass individuell verschieden mystische Erfahrungen gemacht werden. In jedem Leben, immer und immer wieder, gibt es mystische Momente, die von uns zugelassen werden sollten. Es sind Erfahrungen, die mit der höchsten Wirklichkeit zu tun haben, Momente grenzenloser Zugehörigkeit, Augenblicke universellen Einsseins. Mystische Erfahrungen haben etwas gemeinsam mit der Erfahrung des liebenden Miteinander. Die Unruhe des Menschen und seine Sehnsucht weisen in diese Richtung.

Ein gangbarer Weg, um Hindernisse zu überwinden und dem ersehnten Ziel näher zu kommen, ist das Gebet. Die jeweilige Beschaffenheit eines Gebetes richtet sich nach den unterschiedlichen seelischen Verfassungen. Obwohl diese die Gebetsarten äußerst vielfältig erscheinen lassen, fasste der Apostel Paulus unser Beten in vier Grundkategorien zusammen: Bitten, Gebete, Fürbitte und Danksagung (vgl. 1. Brief an Timotheus 2,1).

Die *Bitte* ist ein inständiges Verlangen nach Befreiung sowohl von äußerer als auch von seelischer Last. Im Gebet bringt der Betende Gott etwas dar – letztlich sich selbst. Daher können wir es auch *Hingabe-Gebet* nennen. *Fürbitten* entströmen einem übervollen Herzen. Alle, die wir lieb haben, die uns nahe stehen und alle, die uns bewegen, nehmen wir mit in dieses Gebet. *Danksagungen* kommen ebenso aus erfülltem Herzen –

wenn wir an die bisherigen Liebeszuwendungen Gottes denken, auf die gegenwärtigen schauen oder das Große in den Blick nehmen, das Gott denen bereitet hat, die ihn lieben. Aus dem Evangelium erfahren wir, dass auch Jesus diese verschiedenen Gebetswege ging, die alle letztlich zu einem schweigenden Dasein vor Gott führen.

≈ *In der Stille vor dir* ist eine Sammlung persönlicher Gebete, die aus der Begegnung mit großen Gestalten der Glaubensgeschichte und dem Geist großer christlicher Mystiker im Laufe vieler Jahre entstanden sind. Sie alle waren auf der Suche nach dem Wesentlichen, das bleibende innere Erfüllung schenkt. Sie alle haben ihrer Sehnsucht – letztlich nach Gott – Ausdruck verliehen und Wege und Worte gefunden, die sie dem ersehnten Ziel näher brachten.

≈ Während ich mich mit den Texten vieler geistlicher Meister – und vornehmlich mit ihrer Gebetskultur – beschäftigte, stiegen in mir in stillen Stunden des Innehaltens, des Betens und der Anbetung Worte und Formulierungen auf, die ich anschließend niederschrieb. So darf ich sagen, dass die Gebetssammlung *In der Stille vor dir* Gebetstexte enthält, die durch den Geist großer christlicher Mystiker angeregt wurden wie zum Beispiel durch *Basilius den Großen, Augustinus, Franziskus, Dominikus, Thomas von Kempen* und durch die spanischen Mystiker wie *Teresa von Ávila* und *Johannes vom Kreuz.*

Hinter allen Worten, die ein aufrichtiges Bekenntnis zum Ausdruck bringen, steht der Wunsch und die Bereitschaft, sich ganz und gar Jesus Christus anzuvertrauen und sich ihm bedenkenlos hinzugeben. Diese Hingabe geschieht dann letztlich über alle Anliegen und Worte hinaus im Schweigen und in der Stille vor Gott. Aus dem Glauben, der Erfahrung und der Gewissheit heraus, dass Er das Gebet hört und es beizeiten erhört, sollten wir uns immer neu aufmachen – wer wir auch sind und wo immer wir auch stehen – und einen uns jeweils entsprechenden Gebetsweg gehen.

~ *In der Stille vor dir* möchte dem Betenden in seiner augenblicklichen Lebenssituation entgegenkommen, ihn abholen und einen Weg weisen, der weiterführt und die liebende Nähe des Schöpfers erspüren lässt.

~ Die Gebete, die zu einem weiterführenden persönlichen Beten anregen möchten und darüber hinaus zu einem Stillwerden vor Gott, sind ihrem Anliegen nach alphabetisch geordnet und durch ein entsprechendes Stichwort einfach zu finden.

~ Wenn Sie dieses Gebetbuch zur Hand nehmen, so möchten die Worte Sie geleiten, Ihr eigenes Anliegen auszudrücken, um in der Stille vor Gott sein liebendes Entgegenkommen und Wandlung zu erfahren.

Peter Dyckhoff

INHALT

INHALT

INHALT

IN DER STILLE
VOR DIR

GEBETE

ANBETUNG

Ich möchte dich, Herr, empfangen wie Johannes der Täufer, der vor Freude schon im Mutterschoß jubelte, als er deine Gegenwart spürte.

~ Von dieser tiefen Freude möchte auch ich beseelt werden, wenn du zu mir kommst. Waren nicht alle begeistert, Herr, die auch nur einen Funken deiner Liebe in sich spürten? Ihr Jubel ist zu einem Lobpreis geworden. Sie durften übernatürliche Erleuchtung und einen Vorgeschmack auf den Himmel erfahren.

~ Alle, die dich erkannt haben im Himmel und auf Erden, loben und preisen dich und sagen dir Dank. Mit ihnen vereint möchte ich deinem Namen die Ehre geben und dich anbeten. Komm auch allen zu Hilfe und segne sie, deren Anliegen ich in mein Gebet hineinnehme.

ANSEHEN

Alles Gute kommt von dir. Ich danke dir, dass es mir wohl ergeht und du so liebevoll für mich sorgst. Was wäre ich ohne dich? – unstet und schwach. Wessen könnte ich mich schon rühmen? Und doch sehne ich mich nach Ansehen.

~ Diese Sehnsucht zielt jedoch nicht auf eine eitle Ehre, die mir andere Menschen erweisen, sondern auf ein Angeschautwerden von dir. Das ausschließliche Streben nach Ansehen, Ruhm und Ehre in der Welt kann zu einer ansteckenden Krankheit ausarten – und viele Menschen merken es nicht einmal.

~ Ich habe mich auf diesem Weg befunden, doch du hast mich zurückgerufen. Obgleich ich mich weit von dir entfernt hatte, hast du mich erreicht und mir deine Liebe geschenkt. Indem ich mir selbst gefallen habe und versuchte, auch anderen zu gefallen, habe ich mich von dir abgewandt, und trotzdem erging dein Ruf an mich.

AUFBRUCH

In dir, Herr, haben wir unseren Anfang genommen, und wir tragen dein Bild in uns. Doch viele Entscheidungen und Handlungen haben das Wesentliche in uns verschüttet, und die Leuchtkraft des Anfangs hat ihre Ausstrahlung verloren.

~ Durch selbstverschuldete Verkrustungen und Verhärtungen ist der Weg zu dir unzugänglich geworden.

~ Herr, komm uns entgegen und hilf uns, einen neuen Aufbruch zu vollziehen. Lass alle innere Unruhe in uns zur Ruhe kommen und eröffne uns einen neuen Zugang zu dir. Erfülle uns mit deinem Heiligen Geist und bleibe alle Zeit bei uns.

AUFERSTEHUNG

Herr, Jesus Christus, durch dein Leben, Leiden, Sterben und deine Auferstehung hast du mir den Zugang zur geistigen Welt eröffnet.

Voll Begeisterung gehe ich diesen Weg, der mich stärkt und mir Halt gibt. Ich danke dir für dein unendliches Entgegenkommen und deine Liebe. Durch sie und die geistige Welt wird das Ertragen der Erdenschwere leichter.

Ich spüre, wie du das mir auferlegte Kreuz mitträgst und mich zur Auferstehung führst. Dir sei Lob und Dank, jetzt und in Ewigkeit.

AUFGABE

Herr, lass mich meinen Auftrag erkennen, den du mir für diese Welt zugedacht hast. Du hast mir viele Gaben geschenkt, die ich ungenutzt gelassen habe. Mache die Gabe für mich zur Aufgabe – und mein Leben erhält Sinn. Schenke mir die Erfahrung, dass ich gebraucht werde und einen festen Platz in dieser Welt einnehmen darf.

~ Ich möchte mich dir aushändigen und zum Empfangenden werden. Vergib mir die Selbstverschlossenheit und die zu Fäusten geballten Hände, die ein Empfangen nicht zugelassen haben.

~ Du, mein Herr und Heiland, lehre mich das vertrauensvolle Loslassen und das bereitwillige Empfangen dessen, was du für mich vorgesehen hast. Gib mir Mut und Entschiedenheit zu diesem heilbringenden Wagnis meiner Existenz vor dir, dem Urgrund der Schöpfung, der Liebe ist.

AUSSPRECHEN

Mein Gott und Erlöser, mit allem, was mir auf dem Herzen liegt, darf ich zu dir kommen. Du bist der Einzige, vor dem ich bedenkenlos alles, was mich bedrückt, sagen kann. Oft verkrampft sich mein Herz vor lauter Angst – Angst vor dem Leben.

~ Zeitweilig bin ich fest davon überzeugt, dass ich den vielen Anforderungen nicht gewachsen bin. Ich fühle mich schwach und fürchte mich vor dem Versagen. Neue Versuchungen fordern mich heraus, und nicht selten erliege ich ihnen. Schlechte Gewohnheiten und Neigungen halten mich oft so gefangen, dass ich unfähig bin, einen klaren Gedanken zu fassen.

~ Alles übergebe ich dir und lege es in deine Hände, damit du mich von allem Bösen erlöst und zum ewigen Leben führst. Ziehe meine Seele zu dir und mache mein Herz weit.

BARMHERZIGKEIT

Herr, ich wende mich aus ganzem Herzen dir zu und bitte dich, dass dein Wille an mir geschehe. Wenn es auch in mir stürmt und tobt, wenn ich es auch kaum auszuhalten vermag:

~ Ich rufe deinen Namen an und stelle mich innerlich als erlösungsbedürftiger Mensch unter dein Kreuz. Ich werde aushalten und nicht wanken; ich werde mich ganz in dich versenken, damit du meine Seele berühren und heilen kannst.

~ Du wirst dem Sturm gebieten; deine allmächtige und gütige Hand vermag alles. Herr, richte mich wieder auf und lass mich nicht länger niedergeschlagen sein.

~ Alles Leid, alle Schmerzen und alle Not hast du bisher immer wieder von mir genommen. Ich vertraue auf deine Barmherzigkeit, dass du auch jetzt mich wieder von allen dunklen Kräften befreien wirst.

BARMHERZIGKEIT

Sieh, arm stehe ich vor dir
und bitte um Gnade und Barmherzigkeit.
Richte mich wieder auf, entzünde mein Herz
durch das Feuer deiner Liebe
und erleuchte meine Blindheit
durch das helle Licht deiner Gegenwart.
Lass mich das Unvermeidbare in Geduld tragen
sowie verzeihen und vergessen,
was mir andere angetan haben.
Wandle allen Schmerz in Freude
und alle Dunkelheit in Licht.
Lass mich nicht verzweifelt
das außer mir suchen,
was ich in mir selbst finden kann.
Ziehe mich an durch deine Liebe,
erfülle mein Herz und lass mich
nicht wahllos in der Welt umherirren.
Du, Herr, bist mein höchstes Gut,
und ich möchte es niemals mehr verlieren.

BARMHERZIGKEIT

Herr, sei mir barmherzig
und hilf mir auch da weiter,
wo menschliche Hilfe versagt.
Oft fand ich gerade da keine Treue,
wo ich sie mit Zuversicht erwartete.
Bei einigen Menschen jedoch,
bei denen ich sie nicht vermutet hätte,
fand ich sie.
Als ich meine Hoffnung
allein auf Menschen setzte,
wurde ich enttäuscht.
Du, Herr, bist auf ewig treu
und erweist allen, die zu dir rufen,
deine Barmherzigkeit.
Ich will deinen Namen preisen in allem,
was mir begegnet.
In dir hat alles Bestand.
Sei du mein Halt,
denn ich bin schwach und unstet.
Sei du meine Liebe
und schenke mir Barmherzigkeit.

BEDRÄNGNIS

Was auch mit mir geschieht: Ich rufe im Gebet immer wieder deinen Namen an. Wenn ich auch vielem nicht entrinnen kann, so bist du doch meine Hilfe. Du stehst mir bei und wendest alles zum Guten.

~ Herr, ich fühle mich in Not und bedrängt. Mir ist, als läge eine schwere Last auf mir. Sie drückt auf die Mitte meines Leibes und lässt mich schwer atmen. Furcht vor Ungewissem schnürt mich ein, und ich weiß nicht, was ich sagen soll.

~ Ich rufe wieder und wieder deinen Namen an und überlasse in diesem Gebet der Hingabe alles dir. Meine Not, aus der ich zu dir rufe, ist groß. Ohne deine Hilfe kann ich sie nicht überwinden.

~ Was sollte ich tun ohne dich? Wohin sollte ich gehen ohne dich? Schenke mir auch dieses Mal Geduld und die Kraft, alles bejahend anzunehmen, damit du es wandeln kannst.

BEFREIUNG

Herr, kann ich gewiss sein,
dass ich dich liebe?
Lass es mich erfahren und wissen,
ob mein Tun dir angenehm ist.
Befreie mich von allem,
was mich hindert auf dem Weg zu dir.
Erlöse mich von allem Bösen
und führe mich dorthin,
wo alles Gute zu finden ist
und die Liebe nicht endet.

BEFREIUNG

Ich erhebe meine Augen zu dir, Herr,
der du in und über allem bist.
Lass mich deine Gnade erfahren,
wenn ich zu dir bete und immer.
Sei mir gnädig und all denen,
die um deine Hilfe bitten.
Zu lange schon
habe ich mich von dir entfernt.
Übersatt ist meine Seele von dem,
was vor dir keinen Bestand hat.
Befreie mich, Herr, von allem,
was zwischen uns steht
und lass mein Gebet zu dir dringen.

BEGEGNUNG

Wie kommt es, Herr, dass ich so unstet und voreilig bin? Frage ich jemanden nach seiner Meinung, habe ich die Antwort bereits im Kopf. Während ich mich einem Menschen zuwende, sind meine Gedanken bei einem anderen.

Höre ich jemandem zu, ziehe ich bereits nach wenigen Sätzen Schlüsse und bilde mir ein vorschnelles Urteil.

Du schickst mir Menschen auf meinen Weg, damit ich lerne, dir zu begegnen. Wie eigennützig gehe ich an ihnen vorüber – ohne innezuhalten? Herr, befreie mich von den engen Banden meines eigenen Ichs und lass mich über den inwendigen Weg das Du des Nächsten und dich finden.

BEGEISTERUNG

Du, Herr, belehrst mich und unterweist mich in der ewigen Wahrheit. Wie viel Wissen habe ich von außen aufgenommen, und wie viel Worte habe ich gehört, die es nicht vermochten, mich zu begeistern?

~ Ja, Herr, du hast mich begeistert durch dein Wort. Oft habe ich es zwar gehört, aber nicht befolgt, und die Begeisterung wurde durch äußere Einflüsse schnell überlagert.

~ Ich habe dein Wort erkannt, aber nicht geliebt; du hast es mir anvertraut, doch ich habe es nicht bewahrt.

~ Sprich noch einmal zu mir, Herr, damit meine Seele gesund wird und die Fülle deiner Liebe in mir Platz findet und bleibt.

BEGIERDEN

Meine Fehler und meine Schwächen, Herr, sind dir zur Genüge bekannt. Du hast jedoch Erbarmen mit mir. Und doch schäme ich mich vor dir, dass ich viele Versuchungen nicht bestanden habe und Unbeständigkeit an den Tag lege.

~ Ich leide darunter, mich mit bestimmten Wünschen und Begierden täglich neu auseinandersetzen zu müssen. Sie drängen sich mir wie von selbst auf und ziehen mich nach unten, wenn ich ihnen nachgebe.

~ Diese und jene Wunsch- und Fantasiebilder sollte ich verwerfen – doch sie dringen viel leichter und schneller in mich ein, als ich sie zurückweisen kann. Bleibe du, Herr, an meiner Seite und wehre ihnen.

BEGLEITUNG

Du lässt mich erkennen, dass der Weg der hingebenden Liebe wahrhaft frei und glücklich macht und zur Vollkommenheit führt.

~ Ich danke dir, Herr, für deine Begleitung und deine Liebe, die du mir niemals entziehst. Möge ich sie auch dann spüren, wenn mich alles zu verlassen scheint.

~ Wie erhebst du die Menschen, die sich dir zuwenden und damit dem Bösen eine Absage erteilen! Mit dir versöhnt zu sein, deine liebende Nähe zu spüren und von dir auch durch dunkle Nächte sicher geführt zu werden, bedeutet für mich das höchste Gut.

~ Du, Herr, möchtest mich mit Freude erfüllen, die kein Ende kennt.

BEKENNTNIS

Herr, du siehst alles, was nicht gut war und ist in meinem Leben. Im Gebet zu dir ist mir vieles bewusst geworden, was noch an Dunklem in mir verborgen liegt.

~ Ich breite alles schweigend vor dir aus und bitte dich aus ganzem Herzen, die Dunkelheit in mir zu erleuchten und mit dem Feuer deiner Liebe das zu verbrennen, was sich an Ungutem in mir aufgeschichtet hat.

~ Neben den dunklen Seiten meines Lebens, die ich vor dir, Herr, ausgebreitet habe, möchte ich dir auch das Gute in meinem Leben darbringen. Wenn es auch dürftig und unvollkommen ist, so bitte ich dich, es anzunehmen, es zu verbessern und zu vollenden.

~ Lenke alles Mangelhafte in mir zum Guten, bewahre mich vor Rückschritten und lass mich täglich neu deine Gegenwart erfahren.

BEREITUNG

Wer bin ich, Herr, dass mich deine liebende Gegenwart nicht stärker begeistert und entflammt? Wenn es mir auch jetzt noch nicht vergönnt ist, in vollen Zügen aus dem Quell des Lebens zu schöpfen, so bin ich doch überaus glücklich und dankbar, wenn du, Herr, mich nur ein wenig trinken lässt, um meinen größten Durst zu stillen.

Wenn auch mein Herz noch nicht vor Liebe brennt – wie es von deinen Engeln gesagt wird –, möchte ich mich doch auf die Begegnung mit dir so vorbereiten, dass mich wenigstens ein Funke deiner göttlichen Liebe berührt.

Herr, Jesus Christus, ich habe mir vieles vorgenommen, doch wenig habe ich bisher davon verwirklicht. So bitte ich dich aus ganzem Herzen, das Fehlende zu ergänzen und Begonnenes zu vollenden.

BERUFUNG

Wie kommt es nur, dass wir das gegenwärtige Leben, unsere Zeit auf Erden, als getrennt von dir erfahren? Fremde sind wir, die nach ihrer Heimat suchen.

~ Du, unser Herr und Gott, hast uns eine Antwort gegeben: Die dem Menschen innewohnende Sehnsucht lässt uns jenes Land in uns suchen, in dem unser Vater wohnt.

~ Herr, erwecke in mir unter all den Nichtigkeiten vergänglichen Lebens den Funken Sehnsucht, der nach ewigem Leben verlangt. Lass mich meine eigentliche Bestimmung, das Berufensein zu dir, nicht aus den Augen und dem Herzen verlieren.

BERUHIGUNG

Warte noch ein wenig, meine Seele, und sei nicht unruhig in mir. Erwarte die Verheißungen, nach denen du verlangst, und sei gewiss: Der Himmel wird dir die Fülle alles Guten gewähren.

~ Die zeitlichen Güter sind notwendig für das Hier und Jetzt und den Übergang; in den ewigen Gütern aber wirst du das Ziel deiner Sehnsucht erreichen. So nutze das Zeitliche, ersehne jedoch das Ewige, für das du geschaffen bist und das allein dich erfüllen kann.

~ Sei nicht unruhig, meine Seele. Du bist auf dem Weg, von Gottes Licht und seiner Liebe durchstrahlt zu werden, weil du aus seinem Geist leben möchtest und lebst.

~ Übe dich in Geduld und harre auf Gott, der dir schon bald einen Vorgeschmack auf das Kommende gewähren wird.

BESETZTSEIN

Es gibt Zeiten, glückliche Zeiten für mich, Herr, in denen ich mich dir ganz verbunden fühle. Alle meine Gefühle und Gedanken sind dann auf dich ausgerichtet.

~ Und wiederum gibt es leider allzu häufig Zeiten, in denen ich fast ausschließlich in der irdischen Welt verhaftet bin – ihren Freuden, aber auch ihrem Leid. Melden sich körperliche Begierden, fesseln mich sinnliche Vorstellungen. Sie erfüllen mein Inneres, und die entsprechenden Bilder und Eindrücke werde ich nicht los.

~ Wie glücklich darf sich derjenige schätzen, der alles, was ihn beeindruckt, im Gebet der Hingabe vor dir ablegen kann, damit du Zugang zu ihm findest. Wie sehne ich mich danach, alle äußere und innere Bewegung zur Ruhe kommen zu lassen und mich dir ganz anzuvertrauen. Eröffne mir, Herr, den Weg zu dir.

BESTÄNDIGKEIT

Herr, ich finde keine Gedanken und Worte, die das ausdrücken, was du in Wahrheit bist. Meine Worte, die ich an dich richte, sind Fragment. Du bist stets derselbe und bleibst immer und ewig gut, gerecht und heilig. Du ordnest alles in Weisheit.

~ Ohne deine Hilfe neige ich eher zum Rückschritt als zum Fortschritt. Ich ändere oft meine Haltung und kenne wenig Beständigkeit. Reichst du mir jedoch deine Hand, wird alles besser und mein Leben erhält Sinn. Du verleihst mir Stärke, um auch da das Leben zu bestehen, wo es zu versinken droht.

~ Du, Herr, machst meinen Blick fest in dir, dass ich nicht unruhig suchend nach allen Seiten schaue. Ist mein Herz bei dir, darf ich die Ruhe erfahren, nach der ich mich sehne und auf die ich mein Leben aufbauen kann.

BITTE

Wenn dein Wille, o Herr, an mir geschieht,
finden Extreme zur gesunden Mitte,
geht Zügellosigkeit über in maßvolles Leben.
Ungerechtigkeit wird zur Gerechtigkeit.
Unbedachtes wandelt sich in Bedachtsamkeit.
Dunkelheit wird zum Licht.
In deiner vergebenden Liebe
nimmst du alle Schuld von mir.
Wie im Himmel, so auf Erden
möge dein Wille geschehen –
und so auch an mir.
Du weißt, was für mich das Beste ist.
Du kennst mich und siehst wahrhaftig,
was für mich notwendig ist.

DANK

Herr, unser Gott,
wir danken dir für deine unendliche Güte.
Du wandelst unser Leben auf Erden
und schenkst uns Einsicht.
Du, unser Gott, bist die Herrlichkeit
und besitzt ewiges Leben.
Wie wunderbar bist du und unaussprechlich!
Bei dir finden wir Ruhe
und unendlichen Frieden.
Du bist in unserer Seele zugegen
und verlässt sie nicht.
Du wandelst unsere Armut
und machst uns reich
an himmlischen und geistlichen Gütern.

DANK

Was kann ich tun, Herr, um dir für die unzähligen Gaben deiner entgegenkommenden Liebe zu danken? Wäre ich doch nur imstande, dir wenigstens einen einzigen Tag würdig zu widmen! Ich will versuchen, auch in den kleinen, unscheinbaren Dingen des Lebens dir die Ehre zu geben.

Ich will versuchen, auch in den Widerwärtigkeiten des Alltags mir deine liebende Gegenwart bewusst zu machen. Und mein Gebet, mein Rufen zu dir – und sei es noch so beladen und unvollkommen – möge dich erreichen.

Lass mich wissen, was ich für dich tun kann. Ich möchte dankbar sein und dir dienen. Du bist mein Herr und mein Gott. Ich möchte mich dir ganz zur Verfügung stellen, damit dein Wille an mir geschehe. Ich will deinen Namen anrufen und dich bitten, deine Liebe möge all das ergänzen, was mir fehlt.

DANK

Herr,
du hast mir das Endziel meines Lebens vor
Augen geführt, die himmlische Heimat,
den lichthellen Tag der Ewigkeit,
den keine Nacht verdunkelt.
Die höchste Wahrheit durchstrahlt ihn
wie das Licht der Sonne.
Es ist der unvergängliche Tag
immerwährender Heiterkeit und Sicherheit.
Herr, ich danke dir,
dass du die Sonne dieses Tages
in meinem Inneren aufgehen lässt.
Wenn auch die Momente
der Strahlkraft deiner Liebe
immer wieder überschattet werden,
so spüre ich doch
einen allmählichen Sonnenaufgang
in meiner Seele.

DANK

Du, Herr,
kommst meiner Sehnsucht entgegen.
Lass mich, Herr, in deiner Liebe bleiben,
sodass ich niemals von dir getrennt werde.
Ich lade alle Engel und alle Gläubigen
dazu ein, dir täglich, stündlich
und immer Dank und Lob zu sagen.
Alle Völker, Nationen und Sprachen
mögen dich loben und deinen heiligen Namen,
der ein Name der Barmherzigkeit
und Gnade ist,
ohne Unterlass preisen.
Alle, die dein Sakrament der Liebe feiern
und gläubig empfangen,
mögen Erbarmen bei dir finden,
und deine Gnade möge für immer
bei ihnen bleiben.

DEMUT

Im Vertrauen auf deine Barmherzigkeit, Herr, komme ich zu dir, denn du hast mich gerufen. Ich komme als Hilfesuchender zu dir, meinem Heil, als Durstiger zur Quelle des Lebens und als Geschöpf zu seinem Schöpfer.

Es ist etwas ganz Großes, Herr, dass du dich den Menschen hingibst, und ich frage mich, womit ich es verdient habe, dass du zu mir kommst. Oft habe ich dich beleidigt, und du stehst trotzdem zu mir. In deiner unendlichen Güte sagst du Ja zu mir.

Du kennst mich und weißt, wie es um mich steht. So sind dir auch meine Fehler und Sünden bekannt. Ich sehe deine Güte und danke für deine Liebe, die keine Grenzen kennt. Du fügst alles zu meinem Besten – selbst wenn ich vieles noch nicht einsehen kann. Das, was ich jedoch einsehen kann, lässt mich deine übergroße Güte erahnen. So bitte ich dich, lege mir eine noch größere Liebe und mehr Demut in mein Herz.

EINKEHR

Deine Liebe zu uns, Herr, ist so groß,
dass du, der Schöpfer der Welt
und die Quelle allen Lebens,
in einer so kleinen Seele wie meiner
mit der ganzen Fülle
deiner Gottheit und Menschheit einkehrst.
Wie glücklich kann sich doch
die Menschenseele schätzen,
die dich, ihren Herrn und Gott,
würdig empfängt und überströmen darf
von geistlicher Freude.
Die Seele nimmt den Herrn
des Himmels und der Erde auf,
einen treuen Freund,
bei dem sie sich zu Hause fühlt –
beschützt, geborgen und geliebt.

EINSAMKEIT

Ich fühle mich grenzenlos einsam –
von denen, die mir nahe stehen,
allein gelassen.
Sie spüren meine seelischen Qualen nicht,
denn sie leben in einer anderen Welt.
Aus der Tiefe meiner Seele
schreie ich auf zu dir, mein Herr.
Ich bin wie gelähmt
und weiß nicht mehr weiter.
Angst und große Traurigkeit überfallen mich
– meine Seele ist zu Tode betrübt.
Und meine Einsamkeit nimmt grenzenlos zu.
Herr, du mein Herr und Gott,
lass mein Gebet gegen alle Angst
zu dir dringen,
sende einen Engel vom Himmel
und gib mir neue Kraft.

EINSAMKEIT

Herr Jesus Christus, von der Erde verlassen und noch nicht vom Himmel aufgenommen, hast du alle Einsamkeit und Hoffnungslosigkeit des Lebens durchlitten. Du bist in die Hölle der Einsamkeit hinabgestiegen.

~ Hilf mir, wenn sie mich überfällt, die Einsamkeit zu ertragen. Hilf mir, dass ich niemals aufhöre, zu Gott zu beten und nach ihm zu rufen. Du kennst die Not der Menschen und hast gesagt:

~ «Wenn ich von der Erde erhöht bin, werde ich alle an mich ziehen.»

EINSAMKEIT

Herr, ich fühlte mich einsam
und habe begonnen zu beten,
wie du uns zu beten gelehrt hast.
Von da an mache ich Erfahrungen
im Aufbrechen meiner eigenen Grenzen,
und mein Leben ordnet sich.
Du bist barmherzig, Herr,
und schenkst mir wunderbare Fähigkeiten,
mit denen ich lerne, richtig umzugehen.
Bleibe bei mir auf diesem neuen Weg
und lass mich zu einer echten Du-Beziehung
finden.

EINSICHT

Als noch nichts Bestand hatte,
warst du, Herr, bereits zugegen.
Du bist der Quell allen Lebens.
Aus der Mannigfaltigkeit
und Vielheit der Schöpfung finde ich,
wenn ich alles hinter mir lasse,
zu dir, dem Einen, zurück.
In dir ist alles Gute
zugleich und vollkommen.
Du bist die Sehnsucht
und die Fülle der Hoffnung
für alle Geschöpfe,
du bist der Höchste, der immer war,
ist und sein wird.
Du bist die vollkommene Liebe,
die höchste Heiligkeit und Herrlichkeit.
Alle Zuwendungen,
die ich aus deiner Hand erfahren durfte,
treten vor dem zurück,
was du selbst bist.

EINSICHT

Mein Herz hast du viel zu groß geschaffen,
als dass es Ruhe und Frieden
in dem finden könnte, was zwar von dir ist,
du aber nicht bist.
Denn wahre Ruhe und vollkommener Friede
wird mir nur zuteil,
wenn ich über all deine Gaben
und deine Geschöpfe hinaus
mich zu dir emporschwingen
oder mich in dir versenken darf.
Auf keinem anderen und schnelleren Weg
gelangen mein Herz und meine Seele
in deine göttliche Ruhe und Liebe,
aus der du alles geschaffen hast.
Dir sei Dank, Herr, immerdar.

EINSICHT

Herr, mach mich sehend
und lass mich meine Aufgabe erkennen,
die irdische mit der himmlischen Welt
wieder in Verbindung zu bringen.
Auch ich habe durch meine Sünden
zum Bruch in der Schöpfungsordnung
beigetragen.
Ich danke dir, dass du vergibst
und mich immer neu mit deinem Wort
und deiner Botschaft vertraut machst.
Schenke mir Einsicht und lass nicht zu,
dass ich mich verliere.
Sende mir deinen Heiligen Geist,
damit ich meinen Auftrag
in dieser Welt erfülle.

EINSSEIN

Herr, schenke mir die Gnade, dich zu finden. Ich würde dir mein ganzes Herz erschließen und dich aufnehmen, so, wie meine Seele es sich wünscht.

~ Ich würde alles dafür tun, wenn es doch nur geschehen möge. Auf keine andere Stimme will ich dann mehr hören als nur auf die deine. Möge die Begegnung mit dir so verinnerlicht sein, dass niemand von außen sie wahrnimmt.

~ Nichts soll mich ablenken, denn ich möchte mich dir ganz zuwenden. Du wirst mit mir Mahl halten und ich mit dir. Du wirst mit mir sprechen und ich mit dir – wie Liebende es tun. Um diese Gnade bete ich.

~ Mein Herr und mein Gott, wann werde ich endlich ganz mit dir vereint und von dir eingenommen sein – ohne an mich selbst zu denken? Du in mir und ich in dir.

~ Lass mich eins mit dir werden und bleiben: Das ist mein Gebet.

EINSSEIN

Wer in der gesamten Schöpfung ist so bevorzugt wie die Seele des Menschen, in der du, Herr, gegenwärtig bist? Gibt es ein Geschöpf, das mehr Liebe empfängt oder empfangen kann?

~ Deine Gnade, Herr, ist unaussprechlich, deine Liebe ohne Ende. Und beides wird uns Menschen zuteil.

~ Womit habe ich dieses unendliche Entgegenkommen verdient? Was kann ich dir zurückschenken, Herr? Ich glaube die Antwort zu fühlen.

~ Es gibt kein größeres Geschenk für dich als meine Hingabe. Ja, meine Seele möchte ich dir überlassen, damit du sie mit dir vereinst. Mein äußeres und inneres Leben werden zu einer einzigen Freude, wenn meine Seele gottverbunden ist und bleibt.

~ Wenn ich bei dir bleiben möchte, wirst auch du bei mir bleiben – so hast du es versprochen. Dahin geht all mein Wünschen: ganz eins zu sein mit dir.

ENGEL

Der Herr sprach mich an
mit einem Zeichen seiner Liebe,
damit ich sah, was verborgen ist.
Hinter jedem von uns
steht ein unsichtbarer Engel,
das reine Bild unseres Wesens –
Wegführer in dieser Welt
und Wegbegleiter zum Himmel.
Er möchte uns lehren, Gefühle zuzulassen,
rechte Entscheidungen zu treffen
und die irdische Welt
als Brücke ins Unendliche zu sehen.
Herr, lass mich niemals
den Engel aus meinem Blick
und meinem Herzen verlieren.
Durch ihn, deinen Liebesimpuls,
wird die Nacht zum Tag
und die raue Wirklichkeit
zum Besseren hin verwandelt.

ENGEL

In deiner liebenden Fürsorge, Herr,
hast du allen Menschen
einen Engel zugewiesen.
Er hat die Aufgabe, mit hilfreicher Hand
auf den rechten Weg zu führen.
Um unseren Engel erkennen
und lieben zu können,
schickst du in dieser Welt
Menschen auf unseren Weg,
die uns uneigennützig die Hand reichen
und uns liebevoll und behutsam
zur Erkenntnis unseres Lebens führen.
Herr,
lass mich in ihnen Vorboten deiner Liebe
und meinen eigenen Engel erkennen.

ENGEL

Sende mir, Herr,
deinen heiligen Engel,
damit er mir Wegweiser
in meinem Leben aufstellt,
durch meine Intuition und meine Träume
zu mir spricht,
auf Gefahren hinweist und davor bewahrt,
mich warnt,
wenn mein Weg zu abschüssig ist,
mir von Gott Inspiriertes verkündet,
mich zur Wahrheit zurückführt,
meinen Gebetsweg begleitet
und meine Seele
auf das göttliche Licht ausrichtet.

ENTDECKEN

Meine Tage
stehen unter schweren Belastungen.
Nur du, Herr, kannst mich entlasten.
Schenke mir innere Ruhe
und lass mein Leben sinnvoll
und heiterer werden.
Bereite in mir den Boden
für das Erblühen deiner Gnade.
Entdecke in mir verborgene
und vernachlässigte Lebensqualitäten.
Öffne Verdrängtes,
damit es sich entfalte.
Schärfe in mir
die Fähigkeit zur Unterscheidung,
fördere die Entschiedenheit
und gib mir einen größeren Überblick.
Stärke meine Liebe zu dir,
zu mir selbst und anderen Menschen,
zu den Tieren und der gesamten Schöpfung,
sodass Verfehlungen, negative Eingriffe
oder gar Zerstörungen unmöglich werden.

ENTFALTUNG

Herr Jesus Christus,
du hast uns den Weg
in ein geheimes Stillschweigen geoffenbart.
Lass uns den inneren Menschen
in seiner Gottesnähe erfahren
und gib uns das Vermögen,
ihn vom äußeren Menschen zu unterscheiden.
Hilf uns, in deinem Namen
das Äußere mit dem Inneren
in Verbindung zu bringen,
um tiefer das Werk deiner Liebe
wahrzunehmen.

ENTGRENZUNG

Großer, gütiger und barmherziger Gott, du offenbarst dich mir, indem du Dunkelheiten meines Lebens nicht nachträgst, sondern mir Kraft und Mut verleihst, mein Leben nach deinem Willen neu zu gestalten.

~ Viele Menschen verbringen ihr Leben im Eigenentwurf – kraftlos und kleinmütig. Doch du, Herr, spendest Leben in Fülle. Sind wir unfähig geworden, deine Gaben anzunehmen? Schenke uns Offenheit und wirke durch uns in die Welt. Nimm uns die tausend Ängste, die uns besetzen. Sprenge unsere engen Grenzen und die menschlicher Berechnung. Wandle Kleinmut in Mut, damit wir Größeres vollbringen.

~ Du, Herr, bist der Geber alles Guten, und du teilst deine Gaben in Fülle aus. Möge es doch mehr Menschen geben, die sich öffnend auf dich ausrichten, um die Gaben deiner unendlichen Liebe zu empfangen.

ENTGRENZUNG

Herr, ich weiß um meine körperliche und seelische Begrenztheit. Und doch bitte ich dich in dieser Welt und Zeit: Gib mir einen Vorgeschmack der kommenden Herrlichkeit.

~ Mein Denken stößt an Grenzen, denn es bleibt stets innerhalb deiner Schöpfung. So kann ich nur Ausgangspunkt sein und deinen heiligen Namen anrufen.

~ Mögen meine Sehnsucht und mein Gebet alle Grenzen zu dir überschreiten und deine unendliche Liebe berühren. Sie ist der Endpunkt, von dem alles Geschaffene ausgeht und zu dem es zurückkehren wird. Nimm mich auf in den alles entgrenzenden Strom deiner Liebe.

ERBARMEN

Du, mein Herr und mein Gott!
Um deines Namens willen sei mir barmherzig.
Verzeih mir meinen herausfordernden Stolz.
Schau auf mich,
der sich zu dir erheben möchte.
Erkenne an mir, was dein ist,
und entferne alles, was fremd ist an mir.
Hab Erbarmen mit mir, Herr,
solange noch die Zeit des Erbarmens währt,
damit ich nicht
– wenn die Zeit gekommen ist –
von dir getrennt werde.

ERBARMEN

Allzu oft nur habe ich
das Gegenteil von dem verdient,
was du mir durch dein Erbarmen
zukommen lässt.
Herr, du bist reich an Güte und Erbarmen.
Du blickst auf die Werke deiner Hände
und möchtest nicht,
dass deine Geschöpfe zugrunde gehen.
Wenn ich auf mich schaue, erlebe ich,
dass du den ganzen Reichtum dieser Güte
an mir, der gesündigt hat,
offenbar machen willst.
Du reinigst und weitest mein Herz,
schenkst meiner Seele Licht und neue Kraft.
Nur du allein, Herr, kennst mich
und weißt, was mir fehlt.

ERBARMEN

Du, Herr,
hast die Sehnsucht in mir entfacht,
dich zu suchen.
In der Wiederholung deines Namens,
in dieser Anrufung,
und der Bitte um dein Erbarmen
liegt alles, was ich von mir aus tue.
Ich lerne es mehr und mehr,
mich selbst, meine Gedanken und mein Tun
im Gebet zu dir aufzugeben
und mich ganz auf dich zu verlassen.
Meine Liebe zu dir hast du geweckt,
und ich möchte alles tun,
dass sie niemals mehr überschattet wird.
Im Übermaß deines Erbarmens
wendest du dich mir zu
und lässt mich die Wahrheit erkennen,
die mein Leben
in ein anderes Licht getaucht hat.
Mich ganz auf dich zu verlassen
ist meine größte Freude.

ERBARMEN

Alle zeitliche Ehre,
menschlicher Ruhm
und alle Hoheit der Welt
bedeuten im Hinblick auf dich, Herr,
rein gar nichts.
Nach kurzer Dauer schwinden sie dahin,
denn verglichen
mit deiner ewigen Herrlichkeit
haben sie keinen Bestand.
Du bist mehr als ich je fassen kann:
du, die Wahrheit,
die Weisheit und das Leben.
Unendliches Erbarmen geht von dir aus,
und du weist niemanden zurück.
Du bist die Liebe,
die keinen Anfang und kein Ende kennt.
Ich sage dir Dank
im Namen des Vaters und des Sohnes
und des Heiligen Geistes,
denn dein ist das Reich und die Kraft
und die Herrlichkeit.

ERLEUCHTUNG

Der Herr erleuchte uns
durch sein göttliches Licht,
damit wir die geheimen Stufen
des innerlichen Weges erkennen
und uns aufmachen,
ihn zu beschreiten.

Du, Herr, verleihst den Geist der Einsicht,
den Geist der Erleuchtung
und den Geist der Vollkommenheit.
Wenn du schweigst, vermögen wir zwar
das Wort zum Klingen zu bringen,
doch das Herz erreichen und entzünden wir
durch das Wort nicht.
Wir können Buchstaben aneinander reihen,
doch nur du kannst uns
ihren wahren Sinn erschließen
wie den Emmaus-Jüngern,
denen du die Augen und das Herz

für das Verständnis der Schrift öffnetest.
Wir können zwar
über die Geheimnisse des Glaubens reden,
doch nur du besitzt den Schlüssel,
um sie uns zu erschließen.
Unsere Lehrer zeigen den Weg,
doch die Kraft, ihn zu gehen,
stammt von dir.
Von außen geben sie uns Hinweise,
doch du, Herr, belehrst
und erleuchtest das Herz
und machst uns zu wahrhaft Sehenden.

ERLÖSUNG

Wenn es mir gelingt, aus der Unruhe des Alltags mich auf dich, Herr, auszurichten, bist du es, der mir weit mehr entgegenkommt. Und wenn ich glaube, etwas Gutes für dich zu tun, bist du mir längst zuvorgekommen, indem du seit Anbeginn das Beste für mich getan hast und tust.

Himmel und Erde atmen deine Liebe und deine Schöpferkraft wider. In ihr dürfen wir uns geborgen und zu Hause fühlen. Und auch die Engel hast du beauftragt, der gesamten Schöpfung zu dienen und sie in die Ruhe bei dir zurückzuführen.

Du beauftragst deine Engel sogar, mich auf all meinen Wegen zu behüten, mich auf ihren Händen zu tragen, damit mein Fuß nicht an einen Stein stößt. Doch all dies wird unvergleichlich weit übertroffen: Du selbst, Herr, bist Mensch geworden, um uns, um mich aus der Dunkelheit und den Schatten des Todes zu erlösen.

ERMUTIGUNG

Herr, ohne deine Hilfe vermögen wir nichts. Deine Barmherzigkeit und Liebe bewahren uns vor Täuschungen.

~ Schenke uns Durchhaltevermögen, damit wir das innere Gebet nicht aufgeben. Gib uns Licht, um einzusehen, wie heilsnotwendig es ist, Fortschritte zu machen und uns von den widergöttlichen Kräften zu trennen.

~ Schicke uns Menschen auf unseren Weg, die uns voraus sind und uns ermutigen weiterzugehen. Bewahre uns vor jedem Rückschritt und lass uns nicht in Gefahr unterliegen.

~ Hilf uns, das uns zugedachte Kreuz anzunehmen, und gib uns Kraft, es zu überwinden.

ERMUTIGUNG

Ohne dich vermögen wir nichts.
Kein Heil, Herr, leuchtet mehr auf,
wenn du deine Hand zurückziehst.
Keine Weisheit erfüllt mehr das Herz,
wenn du sie nicht lenkst.
Keine Kraft richtet etwas aus,
solange du sie nicht aufrechterhältst.
Keine Liebe kann sich entfalten,
wenn ihr Quellgrund verschlossen bleibt.
Kein Wachstum kann erfolgen,
wenn du deinen Segen nicht spendest.
Kein Werk und kein Gebet
können Frucht bringen,
wenn du nicht in ihnen gegenwärtig bist.
Uns selbst überlassen, versagen wir.
Lässt du uns los, sinken wir in die Tiefe.
Bist du, Herr, jedoch mit uns,
können wir uns aufrichten
und sogar Berge versetzen.
Du erfüllst das menschliche Herz
mit dem Feuer deiner Liebe.

EUCHARISTIE

Du, Herr, weilst bei mir und
bist gegenwärtig im Sakrament des Altares,
ohne dass ich dich
in der Fremde suchen muss.
Du bist anwesend, mein Gott,
der Schöpfer aller Menschen
und der gesamten Schöpfung.
Du, mein Herr und mein Gott,
der Sieger über die Dunkelheit und den Tod,
begleitest mich und bist
immer und überall für mich da.
Überall, Herr,
wo dein Gedächtnis gefeiert wird,
bist du im Brot des Lebens gegenwärtig.
Um dich zu finden und dir zu begegnen,
brauche ich nicht weit zu reisen,
sondern nur mein Inneres
vorzubereiten auf dein Kommen.

EUCHARISTIE

Wie kommt es,
dass bei dem Angebot der Liebe Gottes
mein Verhalten oft so nachlässig
und oberflächlich ist?
Wenn ich zum Tisch des Herrn gehe,
ist es mir nicht immer bewusst,
was wirklich geschieht
und wer mir in Wahrheit entgegenkommt.
Auf dich, Herr,
setze ich all meine Hoffnung,
denn ich weiß, welch große Gnade
du mir schon erwiesen hast.
Woran liegt es,
dass ich dieses heilbringende Geheimnis,
das die Erde mit dem Himmel verbindet,
oft so wenig beachte?
Sehe ich nur mich selbst
und nicht die Wunder,
die täglich in meinem Umfeld geschehen?
Mache mich sehend, Herr,
und schenke mir ein weises Herz.

Gott, du unsichtbarer Schöpfer der Welt,
wie wunderbar handelst du
an mir und an allen.
Wie gütig und gnadenvoll sorgst du für uns,
indem du dich selbst
im Sakrament uns zur Speise gibst
und dich mit uns vereinigst.
Dieses Geheimnis deiner Liebe übersteigt
zwar den menschlichen Verstand,
doch zieht es die Herzen
mit besonderer Kraft zu dir.
Ich danke dir, Herr,
für die Fülle der Gnaden,
die du mir durch dieses Sakrament
zukommen lässt.
Es trägt wesentlich dazu bei,
mein Leben zu bessern,
tiefere Glaubenserfahrungen zu machen
und in der Nächstenliebe zu wachsen.

FEIER DES ABENDMAHLS

Meine Seele freut sich über alle Maßen, und ich danke dir, Herr, für die unendlich gute Gabe des Abendmahls, die du uns in dieser Welt zurückgelassen hast. Denn sooft ich dieses Geheimnis feiere und das Brot des Lebens empfange, darf ich in besonderer Weise teilhaben am Werk deiner Erlösung.

~ Die Kraft und Größe deiner Liebe nehmen niemals ab, und deine Barmherzigkeit bleibt unerschöpflich. Ich nehme mir vor, mich gründlicher auf dieses große Heilsgeheimnis vorzubereiten, um den Leib Christi würdig zu empfangen.

~ Wenn ich den Gottesdienst besuche, wünsche ich mir, dass diese heilige Handlung so wichtig, neu und erfreuend für mich ist, als wenn du, Herr, eben an diesem Tag Mensch geworden wärest, das Abendmahl eingesetzt hättest, am Kreuz gelitten, gestorben und auferstanden wärest.

FEIER DES ABENDMAHLS

Dank sei dir,
Schöpfer und Erlöser der Menschen,
für das große Abendmahl,
das du uns bereitet hast,
um der ganzen Welt deine Liebe zu verkünden.
Du reichst dich selbst
uns zur Speise und zum Trank.
In diesem heiligen Mahl erfahren wir
dein liebendes Entgegenkommen
und werden gestärkt und erfüllt
durch deine Gnade.
Auch deine Engel empfangen dieses Brot
in rein geistiger Weise,
um mit dir verbunden zu bleiben.
Herr Jesus Christus,
komme mir mit deiner Gnade zu Hilfe,
damit ich dir mit aufrichtigem Herzen diene.
Ich höre auf dein Wort
und bitte für mich und alle,
dass dein Wille geschehe –
im Himmel wie auf Erden.

FEIER DES ABENDMAHLS

Herr Jesus Christus,
es ist für mich unfassbar,
dass du mir im Abendmahl leibhaftig
begegnest.
Kein Mensch ist dazu fähig,
diese Gnade zu begreifen.
Wie soll ich mich
bei diesem Gastmahl am besten verhalten,
beim Empfang meines Herrn,
den gebührend zu verehren
ich kaum imstande bin?
Wenn ich vor dir schweige,
erkennst du mein Staunen
vor der Größe deiner Liebe.
Mein Schweigen ist wortlose Anbetung.
Mein Herr und mein Gott,
ich will mich dir ganz öffnen,
deinen Namen anrufen
und ihn über alles erheben.
Ich lobe dich und preise dich
in Ewigkeit.

FRAGEN

Wann wird die Zeit kommen,
in der schlechte Gewohnheiten
und Übel ein Ende nehmen?
Du gibst mir zu verstehen, Herr,
dass ich auf dem Weg der Befreiung bin.
Doch ich bin ungeduldig
und kann mich nicht
mit wenigem zufrieden geben oder warten.
Wird denn wirklich eine Zeit kommen,
in der ich dir nahe sein darf
und die nicht mehr vergeht?
Wann wird mein Herz
die ersehnte Ruhe in dir finden?
Wann werde ich völlig in dir glücklich sein?
Wann werden die Ketten von mir abfallen,
sodass ich von allem körperlichen
und seelischen Druck befreit werde?
Wann darf ich den vollkommenen,
unzerstörbaren Frieden
für die innere und äußere Welt erwarten?

FRAGEN

Herr, Jesus Christus,
wann wirst du mir so nahe sein,
dass ich dich schauen darf?
Wann offenbarst du mir
die Herrlichkeit deines Reiches?
Darf ich auf die Zeit hoffen,
in der du mir alles in allem bist?
Ich weiß, dass ich diese Welt
mit ihren vielen Schatten
erst bestehen und meine Aufgabe
erfüllen muss,
um einmal ganz bei dir zu sein
und zu bleiben.

FRAGEN

Mein Herr und mein Gott,
sei gepriesen jetzt und in Ewigkeit.
Wie du willst, so ist es
und soll es geschehen,
und was du tust, ist gut.
Nicht in mir oder in jemand anderem
suche ich mein Heil und wahre Freude,
sondern du allein bist der Heiland,
meine Hoffnung und meine Seligkeit.
Was bin ich, Herr, ohne dich,
da ich doch alles von dir empfangen habe?
Und doch quälen mich viele ungelöste Fragen
schon von Jugend an.
Oft weiß ich nicht weiter,
mein Herz verhärtet sich,
meine Augen sind voll Tränen,
und ich habe Angst vor dem,
was mir bevorsteht.
Breite über mir, Herr,
deine segnenden Hände aus
und nimm alle Angst von mir.

FREIHEIT

Viele Worte aus meinem Mund
mögen wie selbstverständlich klingen,
doch sie sind es nicht.
Täglich neu bitte ich dich, Herr:
Bewahre mich davor, dass mich die
alltäglichen Sorgen niederdrücken.
Schenke mir die Gnade, in Freiheit
über mich selbst zu bestimmen,
anstatt mich bestimmen zu lassen.
Zeige mir Wege,
meine körperlichen Begierden zu kultivieren,
um sie zum Wohl anderer einzusetzen.
Befreie mich von aller Einengung der Seele,
sodass sie sich entfalten
und zu dir erheben kann.
Bewahre mich vor körperlichen Schmerzen,
die mich bedrücken,
und vor seelischem Leid,
damit ich nicht daran zerbreche.
Nimm alles von mir,
was mich im Gebet und auf dem Weg zu dir

daran hindert, Fortschritte zu machen.
Schenke mir die Gnade,
dir näher zu kommen und mehr und mehr
an innerer Freiheit zu gewinnen.

Herr, geleite mich auf dem Weg,
der in deine Nähe führt,
und lass mich in dem Bewusstsein leben,
dass du mich niemals verlässt,
mir immer nahe bist
und ich deine Gegenwart spüren darf.
So werde ich inmitten der Dunkelheit
unbesorgt im Licht sein.
Nicht weil ich träge und ohne Gefühl bin,
sondern weil du mein Herz frei machst
und es sich nicht erneut
durch ungeordnete Neigungen
gefangen nehmen lässt.
Zur Freiheit, Herr, hast du mich befreit.

FREIHEIT

Du, Herr, wirst alles,
was mich auf dem Weg zu dir hindert,
von mir nehmen.
Du erlaubst es mir, vor dir zu schweigen
und die Ruhe in dir tiefer zu erfahren.
In dem Bewusstsein,
dass auch mein Schweigen zu dir redet,
weiß ich mich von dir angenommen
und geliebt.
Du erfüllst alles, was lebt, mit Segen.
Du kommst dem, der darum bittet, entgegen
und wendest dich besonders den Armen zu
und denen, die im Schatten des Todes sitzen.
Du führst die Geängstigten aus ihrer Angst
und machst die Gefangenen frei.
Bist du, Herr, in unserer Mitte,
sind unsere Tage lichtvoll und froh.
Du deckst uns den Tisch und lässt uns
reich werden durch deine Gaben.
Du lässt dein Angesicht über uns leuchten
und deine Wahrheit macht uns frei.

FREUDE

Habe ich durch Eigeninitiative etwas Lohnendes erreicht, wird eine innere Freude bei mir ausgelöst. Heilige Freude jedoch bereitest du mir, wenn ich im Gebet deinen Namen anrufe, mich dir ganz hingebe und du mir als Frucht meines Gebetes neue Einsichten und neues Leben schenkst.

~ Der große Unterschied besteht für mich darin, dass dein Name angerufen und gelobt wird – nicht der meine. Dein Werk, Herr, soll gepriesen werden – nicht das meine. Dein heiliger Name sei gelobt, und alles Gute, das ich empfange, reiche ich dir weiter, denn es kommt von dir.

~ Möge so der Strom deiner Liebe im Annehmen und Abgeben in mir fließen und nicht durch Egoismus ins Stocken geraten. In dir, Herr, will ich mich freuen – den ganzen Tag.

FREUDE

Durch das Gebet schenkst du mir
tiefe Ruhe und innere Freude.
Lass diese Gnade von meinem Herzen
ausgehen in die Welt und Gutes bewirken.
Steh mir bei und verlasse mich nicht,
damit ich mein eigenes Leben
in angemessener Weise verwalte
und die Aufgaben in dieser Welt
mit Elan und Engagement angehe.
Dein Reich komme.
Lass es in mir zu einem Zustand
gotterfüllter Innerlichkeit werden.

FREUNDSCHAFT

Ich freue mich, Herr, und bin dankbar,
dass du dich mir zuwendest.
Du kennst meine Gedanken
und die aller Menschen:
Sie sind nichts als ein Hauch.
Selig dürfen sich diejenigen schätzen,
die du, Herr, unterweist
und durch dein Wort belehrst.
Du schenkst ihnen Ruhe
und bewahrst sie vor bösen Tagen.
Deine Freundschaft währt in Ewigkeit.

FREUNDSCHAFT

Herr, du übertriffst alles
an Stärke und Liebe.
Um uns aus unserer Schwachheit zu befreien,
bietest du allen deine Freundschaft an.
Wie oft habe ich sie zurückgewiesen
und dir mit meiner Untreue wehgetan!
Und doch stehst du mir in allem,
was ich auch unternehme, zur Seite.
Stärke mich mit deiner Kraft,
sodass ich richtige Entscheidungen treffe
und Begonnenes zu einem guten Ende
führen kann.

FRIEDE

Du, mein Herr und mein Gott,
hast mir die Sehnsucht nach innerem Frieden
ins Herz gelegt.
Gib mir die Einsicht und das Verlangen,
diesen Frieden immer aufs Neue zu suchen.
Bewirke, dass alle deinen Frieden
in ihrem Herzen tragen und lass nicht zu,
dass wir ihn wieder verlieren.
Sei bei uns und führe uns dorthin,
wo der wahre Friede niemals endet.
Doch schenke uns auch dann die Ruhe
und den Frieden, wenn wir vorübergehend
das Kreuz tragen müssen,
um es zu überwinden.

FRIEDE

Durch harte und befehlende Worte
habe ich einem Menschen wehgetan
und dabei seine Seele verletzt.
Ich war mir
meiner Verantwortung nicht bewusst,
und Menschlichkeit und Liebe waren mir fern.
Herr, ich bitte dich aus ganzem Herzen,
lass Mitmenschlichkeit, Liebe und Achtung
vor allem Geschaffenen in mir wachsen.
Niemandem möchte ich mehr
einen Schaden zufügen und allen Menschen
auf der Ebene geistlichen Lebens begegnen,
da, wo du immer gegenwärtig bist.
Ich möchte aus deinem Heiligen Geist,
deiner Liebe und deinem Willen leben,
damit dein göttlicher Friede
durch mich umgreifender und tiefer
in die Welt gelangen kann.

FÜRBITTE

Herr, du sagst: Der Himmel ist von den tiefsten Tiefen der Erde aus für jeden greifbar. Du machst allen Mut, denn wie viel Menschen befinden sich ganz unten und glauben, es sei endgültig.

~ Du, Herr, hast die gesamte Sphäre zwischen den körperlichen und seelischen Toden, die ein Mensch sterben kann, durchschritten.

~ Du hast dich der unausdenklichen Konsequenz von Verlassenheit ausgeliefert, um denen nahe und Nächster zu sein, die sich in tiefster Finsternis befinden.

~ Ich bete, dass alle deine liebende und rettende Hand ergreifen.

FÜRBITTE

Herr, ich möchte auch diejenigen mit in mein Gebet hineinnehmen, die mich verletzt, betrübt, gekränkt und beleidigt haben, die mir Schaden zufügten und mir großen Kummer bereiteten.

~ In besonderer Weise bete ich auch für die Menschen, die ich selbst beunruhigt, bedrängt und belästigt habe, denen ich Ärgernis gab und durch Wort und Tat Schaden zufügte – wissentlich oder unwissentlich.

~ Ich bitte dich: Verzeihe uns allen gleicherweise unsere Sünden und gegenseitigen Kränkungen. Nimm alles fort, Herr, was die Liebe verletzt und befreie uns von Verdächtigungen, Verbitterung und Resignation. Erbarme dich aller, Herr, die deine Barmherzigkeit anrufen.

~ Gib Gnade allen, die deiner Gnade bedürfen. Mach uns feinfühlig, sodass wir deinen Willen und die Größe deiner Gnade erkennen, um zum ewigen Leben zu gelangen.

FÜRBITTE

Gepriesen seiest du,
mein Herr und mein Gott.
Obwohl ich es nicht verdient habe,
beschenkst du mich reich durch deine Güte.
Obwohl ich mich von dir entfernt habe,
bist du mir nahe.
Verzeihe mir meine mangelnde Einsicht
und meine Undankbarkeit.
Ich spreche diesen Lobpreis auch
im Namen meiner Familie und Freunde.
Bekehre du uns zu dir,
damit durch deine Gnade unser Leben
neu erblühen und erstarken kann,
damit wir das Geheimnis deiner Liebe
tiefer erkennen
und durch das Gebet der Hingabe
näher zu dir kommen und niemals mehr
von dir getrennt werden.
Denn du bist unser Heiland und Freund,
unsere Stärke und unser Heil.

FÜRBITTE

Herr, ich weiß um viele Menschen,
die sich von dir abgewandt haben.
Und oft genug gehöre ich auch zu ihnen.
In welch bleibenden Tiefen
sich manche Menschen befinden,
ist kaum in Worte zu fassen.
Ist es Endgültigkeit?
Nein, Herr, du bist
in die tiefsten Tiefen der Erde
und der menschlichen Herzen hinabgestiegen,
um allen deine Hand zu reichen
und deine Liebe zu schenken.

FÜRBITTE

Herr, nicht allein für mich bitte ich,
sondern auch für all die lieben Menschen,
die mich bisher auf meinem Lebensweg
begleitet und mir viel Gutes erwiesen haben.
Erhöre die Bitten meiner Eltern,
meiner Verwandten und Freunde.
In besonderer Weise denke ich auch
an die Menschen, die sich in Not
und im Schatten des Todes befinden,
an diejenigen, die durch Schmerzen
und Wunden keine Verbindung zu dir
aufnehmen können
und an die, die es nie gelernt haben,
zu beten, und keinen Gottesdienst besuchen.
Steh allen bei – auch den Verstorbenen –
die deiner Hilfe bedürfen.
Ich bitte für sie alle:
Mögen sie deine helfende Gnade erfahren.
Mögen sie von allem Übel erlöst werden
und dich erkennen,
um dich zu loben und dir zu danken.

GABE UND AUFGABE

Alles in der Weltordnung verweist auf dich,
du Schöpfer der Welt.
Du bist mit nichts zu vergleichen
und mit nichts zu begreifen.
Alles ist von dir,
und du bist in allem verborgen.
Nicht ein Wissen um dich
offenbart den letzten Sinn,
sondern die Liebe.
Du hast sie dem Menschen gegeben,
damit er sie weiterschenkt
und in noch größerer Liebe zu dir
wachsen kann.
Lass sie zu einer unaufhörlichen Liebe
werden, die uns alle Zeit trägt –
bis in die Ewigkeit.

GEBORGENHEIT

Ich wünsche mir Flügel,
Flügel wahrer Freiheit,
um zu dir zu fliegen und in dir zu ruhen.
Doch wann wird die Zeit kommen,
in der ich von unseligen Bindungen
und von einer nach unten ziehenden Schwere
befreit bin?
Wann werde ich frei sein
von den vielen störenden Gedanken,
die trennen wollen und das Eine,
dich, Herr, nicht zulassen?
Du siehst, wie sich meine Ungeduld einmischt
und fragend zwischen uns tritt.
Und doch bin ich auf dem Weg,
und mit dem kleinsten Schritt
komme ich näher zu dir.
Von Tag zu Tag sammle ich mich in dir
und lerne es, im Gebet mein ganzes Wesen
dir zu übereignen.
Auf dich hin mich zu vergessen,
ist mein Wunsch.

GEBORGENHEIT

Du kommst mir entgegen, Herr,
und nimmst mich an –
in dir bin ich geborgen.

Herr, lass alles, was ich fühle,
denke, spreche und tue, gut sein und
zu einem tragfähigen Lebensfundament werden.
Du bist es,
auf den ich unerschütterlich vertraue.
Lass nicht zu,
dass Erschütterungen und Anfeindungen
mein Leben ins Wanken bringen,
dass ein zerstörender Einsturz mich trifft.
In dir möchte ich geborgen sein
und Ruhe finden.
Aus dir möchte ich leben
und mit dir über meine begrenzte Dimension
hinaus wachsen – von allem befreit,
was mich einengt und krank macht.

GEDANKEN

Verzeihe mir, Herr, wenn ich im Gebet meinen eigenen Gedanken nachgehe und vergessen habe, deinen heiligen Namen anzurufen, um mich dir zu öffnen.

~ Oft bin ich nicht dort anwesend, wo ich mich befinde. Meine Gedanken eilen entweder voraus oder sie beschäftigen sich mit Vergangenem.

~ Ich bin dann dort, wohin mein Gedanke mich fortreißt. Schnell füllt sich jetzt mein Bewusstsein mit dem, was meinen Sinnen angenehm ist und wohin es mich zieht.

~ Ach, Herr, nimm doch die Überflut fremder Gedanken von mir, die mich von dir trennen, und lass mich – wenigstens einen Augenblick – in deiner Nähe ruhen.

GEDULD

Mein Herr und mein Gott, ich sehe ein, dass mir Geduld und innere Ruhe fehlen, um das Leben zu bestehen. Zu viele Spannungen und Widerwärtigkeiten gibt es auszuhalten, die ich weder auszugleichen noch aufzulösen vermag.

~ Was ich auch unternehme, um Frieden in meinem Herzen und in meiner Umwelt zu haben: Alles wird immer wieder von Unfrieden, unlauteren Machenschaften und von Schmerzhaftem durchkreuzt.

~ Bleiben mir denn, wenn ich auf dem rechten Weg bin, Schmerz und Leiden nicht erspart? Steh mir zur Seite, Herr, und schütze mich.

Du kennst die Menschen und das, was sie im Sinn haben: Gutes und Schlechtes. Sei du meine Kraft und meine ganze Zuversicht.

~ Sowohl mein Gewissen als auch mein Bewusstsein sind begrenzt, und ich kann mich nicht allein auf sie verlassen. Du siehst, was ich übersehe; du hörst, was ich überhöre, und weißt, was ich nicht weiß. Deshalb hätte ich bei allen Widrigkeiten, die ich als solche erlebte und vor denen ich oft geflohen bin, begreifen sollen, was sie mir zu sagen haben und was an Gutem hinter ihnen steht.

~ Verzeih mir, wenn ich mich häufig oberflächlich verhalten habe und ausgewichen bin. Was kann es Höheres geben, als im Gebet der Hingabe deine Barmherzigkeit anzurufen und alles Weitere dir zu überlassen?

~ Du vergibst mir und befreist mich von allem Übel. Ich danke für diesen wunderbaren Gebetsweg, der ohne Worte zu dir führt.

GEDULD

Herr, es gibt keine größere Liebe
als die, die du den Menschen erweist.
In der Welt hast du den Willen deines Vaters
geduldig erfüllt und bist erhöht worden.
Wie könnte ich da das Angebot der Liebe,
das du mir ständig neu unterbreitest,
ausschlagen?
Wie könnte ich da verzagen oder gar
den gemeinsamen Weg mit dir abbrechen?
Gib mir die Kraft, mich nach deinem Willen
und nach deinem Beispiel in Geduld zu üben,
das mitunter zerbrechliche Leben zu bejahen
und mein Inneres für die große Wandlung
durch dich offen und bereit zu halten.
Wenn auch das Leben zeitweilig
oder für lange Zeit leidbeladen ist,
so bietest du uns gerade deshalb
in diesen schweren Zeiten
die Fülle deiner Gnade an.
Es gab in meinem Leben Phasen,
in denen ich diese Zusammenhänge gar nicht

oder nur schwer einsehen konnte.
Dein Beispiel und das derjenigen,
die dir nachgefolgt sind, geben mir Mut,
in dunklen Zeiten durchzuhalten
und das Licht im Herzen zu bewahren.
Du, Herr,
hast die verschlossenen Tore meiner Seele
und die des Himmels wieder geöffnet,
sodass das Licht des Lebens
und die göttliche Liebe
ungehindert fließen können.

GELEIT

Mein Herr und mein Gott,
du weißt alles von mir und du kennst mich.
Viel habe ich getan,
das in deinen Augen nichtig ist.
Unterstütze meine guten Vorsätze
und gib mir heute einen neuen Anfang.

Herr, ich bitte dich
um Durchhaltevermögen und die Kraft,
mich nicht vom Weg abbringen zu lassen.
Geleite mich in deinem großen Erbarmen
auf den rechten Pfad zurück,
sollte ich ihn aus Eigensinn verfehlt haben.
Lass mich nicht wahllos umherschweifen
und in die Irre gehen;
lass mich keine kostbare Zeit verlieren,
um nicht verspätet
am Ziel meiner Reise anzukommen.

GELEIT

Im Namen des Vaters und des Sohnes
und des Heiligen Geistes.
Überwesentlich bist du, Gott,
überaus mehr als göttlich
und überaus mehr als gut.
Du bist die Weisheit, die alles Sein
und den ganzen Kosmos durchdringt.

Führe du uns tiefer in das Geheimnis
deiner Worte und der Heiligen Schriften.
Führe uns die Wege, die wir gehen müssen,
und über alle irdischen Relationen hinaus.
Führe du uns nicht nur in die Sphären jenseits
von Licht und Dunkel,
sondern auch in die Bereiche,
die alles Nichtwissen übersteigen.
Führe und geleite du uns
in das Mysterium deiner Liebe,
dorthin, wo uns die einfachen,
absoluten und unwandelbaren Geheimnisse
deines göttlichen Wissens offenbar werden.

GELEIT

Führe du uns über alle menschlichen Worte
und alles Verstehen hinaus,
wo die Dunkelheit des Schweigens
jenseits des Lichtes die Wahrheit erhellt.

Du, o Gott, bist in überlichtem Dunkel
und geheimnisvoll verhülltem Schweigen
verborgen.
Und doch übertriffst du
inmitten des undurchdringlichen Dunkels
alles an Glanz,
was höchste Leuchtkraft besitzt.
Du bist es, der inmitten
des gänzlich Unbegreifbaren und Unsichtbaren
alle, die im Aufhören jeglicher Tätigkeit
durch Nichterkennen dich erkennen,
mit deiner überreichen göttlichen
Strahlkraft erfüllt.

GEMEINSCHAFT

Herr, erbarme dich meiner –
so lautete mein Gebet.
Doch seitdem du mir
die Erfahrung tiefer Ruhe
in mein Herz gesenkt hast
und ich Befreiung und Weite erfahren darf,
bete ich: Herr, erbarme dich unser.
Ganz von selbst nehme ich
alle die Menschen und ihre Anliegen
mit in mein Gebet,
die mir nahe stehen,
mich beeindruckt haben und
für die ich mich mitverantwortlich fühle.
Herr, ich danke dir
für die größer werdende
wachsende Gemeinschaft.

GERECHTIGKEIT

Jede seelische, geistige und materielle Gabe, jede äußere und innere, jede natürliche und übernatürliche Gabe, stammt von dir und kündet von deiner Liebe und Freundlichkeit, der wir alles verdanken.

~ Ich bin sicher, Herr, dass von dir über die Räume der Zeit eine ausgleichende Gerechtigkeit ausgeht, die niemandem mehr oder weniger zukommen lässt als ihm durch sein gelebtes Leben zusteht.

~ Doch du gibst und nimmst weder nach Verdienst noch nach Ansehen der Person. Du weißt was wir brauchen und was uns weiter und zu unserem Heil führt. Dir ist nicht verborgen, warum der eine weniger, der andere mehr empfängt.

~ Über nichts und niemanden möchte ich mich erheben, sondern dir, Herr, alles in deine Hände legen.

GERECHTIGKEIT

Hätte ich doch größeren Einblick
in deine Gerechtigkeit
und könnte die Zusammenhänge zwischen
Schuld, Leid, Vergebung und Gnade einsehen,
blieben mir sicherlich viele Umwege erspart.
Du, Herr, handelst in allem gerecht,
und ich weiß,
dass ich einen Anteil daran haben könnte,
wenn mir Leidvolles widerfährt.
Behandelst du mich so,
wie ich gehandelt habe?
Nein, du lässt mich auch dann
deine Nähe und deine Liebe erfahren,
wenn ich mich weit von dir entfernte.
Unergründlich ist dein Ratschluss.
Kehre ich um zu dir,
schenkst du mir Vergebung
und trägst mir meine Schuld nicht nach.
Zu wunderbar und nicht zu fassen
ist für mich deine Liebe.

GNADE

Herr, du hast mir das Leben geschenkt
und einen Platz in dieser Welt
für mich vorgesehen.
Erfülle mich mit deiner Gnade,
damit die Schwere des Lebens
und die Schatten der Welt
mich nicht mutlos machen.
Erfülle an mir und allen,
die in Dunkelheit leben, deine Verheißungen
und lass uns bereits in dieser Welt
ewiges Leben erfahren.

GNADE

Herr, ich besitze nicht viel,
was in den Augen der Menschen glänzt
und den Besitzer «groß und herrlich» macht.
Wenn ich auch manchmal ein wenig traurig
darüber bin, so spüre ich doch
eine größere geistige Beweglichkeit,
die es mir leichter macht,
von dir angezogen zu werden.
Sind nicht die Apostel, die Heiligen
und alle, die dir nachfolgten,
Zeugen gerade dieser Wahrheit?
Ihre demütige Gesinnung ließ sie
die Tiefe deiner Gnadenzuwendung erfahren,
und so empfingen sie auch das
mit großer Liebe,
wovor die Welt zurückschreckt.

GNADE

Die Gnade, die göttliche Liebe
ist das größte und erhabenste Geschenk,
das du, Herr, den Menschen zukommen lässt.
Alle, die sich der Gnade im Gebet öffnen,
werden von dir reich beschenkt.
Und die mit vielen Gaben und Gutem
Gesegneten werden demütig
und geben Empfangenes weiter.
Herr, wende dich auch mir zu
und nimm alle Schuld von mir.
Gib mir ein weises Herz
und sättige mich am Morgen mit deiner Gnade.
Ich will mich freuen all meine Tage.
Lass mich in deinen Augen Gnade finden,
denn deine Gnade bedeutet mir alles,
selbst wenn ein Teil
meiner irdischen Wünsche unerfüllt bleibt.
Was auch geschieht: Ich fürchte nichts,
solange mich deine Gnade begleitet.
Sie ist mächtiger als all meine Feinde
und übertrifft alle Weisen an Weisheit.

Mein Herr und mein Gott, du hast mich nach deinem Bild und Gleichnis erschaffen. Schenke mir deine Gnade, damit mein Inneres licht wird und alle Schattenseiten meines Lebens vergehen.

~ Oft bemerke ich an mir, dass ich nicht das Gute tue, das ich mir vorgenommen habe, sondern das Gegenteil, das ich nicht will. Es ist dann nicht mehr mein Ich, das so handelt, sondern eine dunkle Kraft bestimmt mich.

~ Die lichtvolle Gabe aus deiner Hand liegt im Streit mit der Dunkelheit in meinem Inneren, die mich gefangen hält und mich zeitweilig beherrscht.

~ Nur dann gelingt es mir, den Leidenschaften zu widerstehen, wenn ich deine Gnade empfangen darf, sie mein Herz berührt, es entflammt und deine Gnade mich in meinem Tun unterstützt.

GNADE

Herr, deine Gnade ist für mich unbedingt notwendig, um täglich neu zu beginnen und das Begonnene fortzusetzen, damit du es vollenden kannst. Ohne sie vermag ich nichts, doch alles mit der Hilfe deiner Gnade.

~ Schwingt sie nicht mit, fühle ich mich getrennt von dir und alles, was ich tue, erscheint mir sinnlos. Weder kann ich den Reichtum und die Schönheit der Natur in mich aufnehmen noch finde ich den rechten Zugang zu anderen Menschen, zur Kunst und Wissenschaft sowie zur Heiligen Schrift.

~ Ohne die Gnade, die einzig und allein du, Herr, schenken kannst, führt der Glaube nicht zum wirklichen Glauben, die Hoffnung nicht zu einer überzeugenden Hoffnung und die Liebe nicht zu einer alles erfüllenden und bleibenden Liebe.

GNADE

Ich bin wie ein finsteres Land.
Herr, sende dein Licht,
damit der Grund meiner Seele einsehbar wird,
und ich deine strahlende Gegenwart erkenne.
Du wirst nicht nur mein Inneres erneuern
und lichtvoll gestalten,
sondern auch das Antlitz der Erde.
Richte mein Herz, das oft
niedergedrückt ist, wieder auf.
Möge mein Herz sich nicht an das hängen,
was nicht von Dauer ist,
denn nichts Geschaffenes,
nichts, Herr, außer dir, ist imstande,
meinen Hunger gänzlich zu stillen
und mir zu einer Quelle
für das ewige Leben zu werden.
Sende dein Licht und deine Wahrheit
in mein Herz und in die Welt.
Deine Liebe, das unlösbare Band,
das du zu mir und zu allen geknüpft hast,
möge das Angesicht der Erde erneuern.

GNADE

Die Gnade zeigt mir die Wahrheit.
Sie lehrt mich, Wesentliches zu sehen,
und erleuchtet meine Seele.
Sie führt mich Wege aus der Bedrängnis
und verjagt die Traurigkeit.
Sie nimmt alle Furcht von mir
und bahnt mir den Weg
zum Quell allen Lebens.
Was bin ich ohne die Gnade anderes
als ein Blatt im Wind, das seinen Kontakt
mit dem Leben spendenden Baum
verloren hat?
Es taugt zu nichts, es welkt und vergeht.
Herr, deine Gnade komme mir zuvor
und geleite mich.
Sie lasse mich nie müde werden, Gutes zu tun
– darum bitte ich jetzt und alle Zeit
und in Ewigkeit.

GRENZEN

Herr, ich möchte den Weg mit dir gehen,
der nichts ausschließt –
weder das Leid noch die Freude.
Ich weiß aber, dass ich
das Wohl willkommener heiße als das Weh,
dass das Gute mir weitaus angenehmer ist
als das Gegenteil
und ich lieber glücklich als traurig bin.
Darf ich so sein wie ich bin und empfinde?
Oder möchtest du gar, dass ich alles,
was mir begegnet, annehme
und dafür dankbar bin?
Dies wird mir schwer fallen,
wenn Leid und Versuchungen
mein Leben durchkreuzen.

GRENZEN

Herr, du hast mich
aus Tiefen herausgezogen
und von ungesunden Höhen zurückgeführt
auf den lebenswahrhaftigen Grund.
Bewahre mich in der rechten Mitte
und behüte mich davor,
in Extremen unterzugehen.
Die Versuchung ist groß,
ohne dich Grenzen zu überschreiten –
und der Fall umso tiefer.
Lass mich in Geduld den Alltag
in Raum und Zeit ertragen,
bis du, Herr, meine Seele
auf die Ewigkeit hin entgrenzt.

Ich verneige mich vor dir, Herr, und bitte um deinen Heiligen Geist, dass ich in meinem Inneren an Kraft und Stärke zunehme und mehr und mehr von der ganzen Fülle Gottes erfüllt werde.

Nimm alles von mir, was nicht zu mir gehört und mich auf dem Weg zu dir hindert. Jede nutzlose Sorge und Angst mögen mein Herz verlassen. Befreie es von allem Ballast und mache es weit, um dich fassen zu können. Gib mir einen klaren Blick für die Dinge wie sie wirklich sind.

Ich sehe sie noch zu sehr mit menschlichen Augen und lasse mich blenden. Unter der Sonne ist alles in Bewegung, und das Bleibende ist geheimnisvoll verborgen. Erleuchte meine Seele mit dem Geheimnis deiner Liebe, die ewig ist.

HEILUNG

Auf Heilung und Befreiung
durch dich, Jesus Christus,
dürfen auch alle die Menschen hoffen,
die durch Unwissenheit, falsche Wahl
oder bewusste Abkehr von dir
dunkle Schatten in ihre Seele
aufgenommen haben.
Auf dich, der du uns diese Zusage gibst,
setzen wir all unser Vertrauen.
Du offenbarst dich immer neu,
um die Werke der Finsternis zu zerstören
und Liebe in jedes menschliche Herz
zu senken.
Wir loben dich und preisen dich
und sagen dir Dank.

HEITERKEIT

Fröhlichkeit und Heiterkeit der Seele
heißen in der Schrift «Raum schaffen».
Schenke mir, Herr,
diese lichte und befreiende Lebensqualität
in Zeiten der Bedrängnis und immer.
Ermutige und rette mich
durch die helfende Gegenwart deines Wortes
und schaffe mir einen weiten Raum.
Ehre sei dem Vater und dem Sohn
und dem Heiligen Geist,
wie im Anfang so auch jetzt und alle Zeit
und in Ewigkeit.

HERRLICHKEIT

In deiner Wirklichkeit, Herr, habe ich wichtige Wahrheiten erkannt. Du selbst bist die Wirklichkeit, die keinen Anfang und kein Ende kennt. Aus dieser Wirklichkeit entspringen alle Wirklichkeiten.

~ Du bist die Liebe, aus der alle Liebe hervorgeht. Du bist die Herrlichkeit, in der alle Herrlichkeit ihren Ursprung hat. Durch deine Wahrheit, Liebe und Herrlichkeit erhebst du meine Seele zu Größerem. Du lässt sie deine unendliche Gnade erfahren und prägst ihr erhabene Dinge ein.

~ Meine Unwahrheiten, Lieblosigkeiten und Dunkelheiten hältst du mir nicht mehr vor Augen. Die Abgründe meiner Seele haben vor dir keinen Bestand.

~ Die Last, die ich durch Schuld und Sünde auf mich geladen habe, hast du, Herr, von mir genommen und machst einen neuen Menschen aus mir.

Dich in deiner göttlichen Klarheit zu schauen, könnte mein Auge nicht ertragen. Ich müsste erblinden. Ja, die ganze Welt würde verbrennen, wenn du den Glanz deiner göttlichen Herrlichkeit offenbaren würdest. Doch du, Herr, kommst mir in meiner Unvollkommenheit entgegen.

Ich halte den Atem an und staune über deine Liebe. Du bist wahrhaft bei mir, der von den Engeln im Himmel angebetet wird. Eine Ahnung von deiner Herrlichkeit hast du mir gegeben und damit meinen Glauben erfahrbar gemacht. So wird es mir leichter, dem Tag der ewigen Klarheit entgegenzugehen, wenn alle Schattenbilder der Zeit in mir ausgeleuchtet sind.

Du wirst alle diesen Weg von Klarheit zu Klarheit führen, bis wir in das Bild deiner unergründlichen Gottheit verwandelt werden. Das menschgewordene Gotteswort führt uns diesen Weg zur Vollkommenheit.

HINDERNISSE

Du, Herr, bist die Liebe.
Nach dir sehnt sich meine Seele,
denn sie weiß, dass nur du
ihre Sehnsucht stillen kannst.
Ich komme zum Tisch,
den du für mich gedeckt hast,
damit du mit mir Mahl halten kannst
und meiner Seele deine Gegenwart schenkst.
Ich wünschte mir,
aus tiefer innerer Ergriffenheit
weinen zu können, um alle Hindernisse
zwischen uns auszuwaschen.
Mein Herz ist noch verhärtet
und die Tür, an die du klopfst,
noch verschlossen.
Was kann ich tun,
damit es aufflammt vor Freude?
Ich möchte – wenn ich es nur könnte –
dir meine Liebe zurückschenken.

HINGABE

Herr, Jesus Christus, du hast mich durch dein Beten das Gebet und die Haltung der Hingabe gelehrt. Ich weiß, dass es dir gefällt und mir zu einem großen geistlichen Gewinn wird, wenn ich im Gebet deinen Namen anrufe, ihn innerlich oftmals wiederhole und dabei lerne, meine eigenen Gedanken und letztlich mich selbst loszulassen.

~ Durch dein Leben, besonders durch dein Gebet am Ölberg und am Kreuz, führst du mich in das rechte Beten ein – die Hingabe an den Vater. Alles, was ich bin und habe, lege ich in deine Hände.

~ Ich darf zusammen mit dir, Herr, die wunderbare Erfahrung machen: Wenn ich im Gebet mich selbst aufgebe, meine Gefühle, meine Gedanken und Vorstellungen, meine Wünsche und Erwartungen, dann kommst du mir mit deiner Gnade entgegen, mein Herz wird weit und meine Seele licht.

~ In diesem Licht zeigst du mir, was ich bin, was ich war, woher ich kam und wohin ich gehe. Bliebe ich mir dagegen selbst überlassen – möge es nicht geschehen – ohne dich wäre ich nichts, könnte ich nichts und mein Leben hätte weder Sinn noch gäbe es ein Ziel.

~ Du wendest dich mir zu, Herr, und mein Leben erhält Sinn; du zeigst mir den Weg, der zum Ziel führt, das ich in meinem Herzen trage. Du schaust mich an und sogleich strömt mir neue Lebenskraft zu und Freude erfüllt mich.

HINGABE

Herr, du weißt,
was für mich am besten ist.
So nehme ich das Gute aus deinen Händen
und sträube mich auch dann nicht
gegen deine Entscheidungen, wenn sie nicht
meinem augenblicklichen Willen entsprechen
und für mich nicht einsehbar sind.
Ich stelle mich dir ganz zur Verfügung
im Wissen, dass du mir das zukommen lässt,
was für mich gut ist.
Mein Leben liegt in deiner Hand.
Und so will ich es von mir aus
immer wieder in deine Hände legen.

HINGABE

Herr, zeig mir den Weg und gib mir die Kraft, mich für die Zeit des Gebetes ganz auf dich zu verlassen. Mein Ich möchte ich dir hingeben und alles von dir Geschaffene überschreiten, um bei dir zu sein und in deiner Ruhe zu ruhen.
Ich schließe meine Augen und lasse in der Anrufung deines Namens alles zurück, was mich auf dem geraden Weg zu dir hindert.
Wenn ich meinen Geist und meine Seele in deine Hände lege, kann mich nichts mehr, was geringer ist als du, von der anziehenden, liebevollen Bewegung zu dir abhalten.
Das, was sonst mein Leben bereichert und verschönt, lebenswert macht und beglückt, opfere ich dir im Gebet der Ruhe:
die Schönheit der Natur
und die Weite des Kosmos,
die körperliche und seelische Gesundheit,
das Heil der Welt und allen Segen,
der darauf ruht,

alle Gefühle, Gedanken,
Worte und Handlungen,
die kreative Kraft des Geistes
und alle Möglichkeiten der Ausgestaltung,
die Kunst, die Musik und den Gesang,
das geschriebene Wort, die Bücher
und die Heiligen Schriften,
alle Gottesvorstellungen
und die Philosophie,
die Wissenschaften
und alle geistigen Reichtümer,
die Lust und die Freude,
die der Geist fassen und empfinden kann,
alle Verheißungen, Erwartungen
und Hoffnungen.

Führe mich im Gebet der Hingabe den Weg in die göttliche Ruhe – über die Gemeinschaft der Heiligen hinaus, über Engel und Erzengel, über alles Sichtbare und Unsichtbare, über alles hinaus – zu dir.

Herr, ich bedarf noch größerer Gnade, um dahin zu gelangen, dass niemand und nichts auf dem Weg zu dir zu einem Hindernis wird. Die Verwirklichung des Hingabe-Gebetes, in meinem Inneren die gesamte geschöpfliche Welt zu überschreiten und dabei auch mich selbst zu verlassen, fällt mir nicht leicht. Ohne viel Worte und nur in der Anrufung deines Namens oder durch eine einfache Bitte um Erbarmen richte ich mich immer wieder auf dich aus, wenn meine Gedanken mich in eine andere Richtung ziehen.

~ Ich möchte von allem frei sein, um von deiner göttlichen Liebe angezogen zu werden. Doch fällt es mir oft schwer, wirklich loszulassen, dir vollkommen zu vertrauen und alles – selbst die eigene Gedanken-Aktivität – in deine Hände zu legen.

~ So bitte ich dich, Herr, mein Gebet liebend zu unterstützen.

HINGABE

Immer wieder, Herr, lege ich
im Gebet der Hingabe
meinen Geist in deine Hände,
meine Gefühle, meine Gedanken,
meinen Willen und meine Vorstellungen.
Ich öffne mich dir voll Vertrauen,
damit du mich bewegen und formen kannst.
Aufbrüche, die du in mir bewirkst,
tun oft weh.
Ich weiß, dass du es gut mit mir meinst.
So versuche ich, geduldig zu bleiben.
Oft steht mir meine Eigenwilligkeit im Wege,
und ich verhalte mich dir gegenüber
starrsinnig und unbeugsam.
Lass nicht ab,
mich nach deinem Willen zu formen,
bis ich feinfühlig genug werde,
deine Botschaft wahrzunehmen.
Dir überlasse ich mich,
damit ich durch deine heilenden Kräfte
Besserung erfahre.

HOFFNUNG

Vater im Himmel,
Vater meines Herrn Jesus Christus,
unser Vater und mein Vater,
ich danke dir aus tiefstem Herzen,
dass du dich durch deinen Sohn offenbarst
und mich mit hineinnimmst
in das Geheimnis deiner Liebe.
Gepriesen bist du, der Vater des Erbarmens
und der Gott allen Trostes.
Du tröstest mich in all meiner Not,
damit ich die Kraft habe, alle zu trösten,
die in Not sind.
Ich sage dir Dank für all deine Liebe,
die du mir durch deinen Sohn
im Heiligen Geist geschenkt hast.
Wenn deine Liebe mich berührt,
jubelt mein Herz, und ich möchte
dein Kommen hinausrufen in alle Welt.

HOFFNUNG

Herr, ich danke dir.
Du hast mich so wunderbar
auf dein Kommen vorbereitet,
mein Herz mit Liebe erfüllt,
mich empfindsamer gemacht und
meine Sehnsucht, dich zu empfangen,
vergrößert.
Du, Herr, bist mein Gott,
die höchste und ewige Liebe.
Du hast meine engen Grenzen gesprengt,
mein Bewusstsein erweitert
und mir alle Angst genommen.
Viele Menschen hast du auf den Weg gerufen;
du hast ihnen ihr Leben klar gemacht
und deine Liebe offenbart.
Dank deiner großen Güte
darf ich mich zu ihnen zählen –
und mit ihnen erwarte ich
voller Sehnsucht dein Kommen.

IMMERWÄHRENDES GEBET

Mein Gott und mein alles.
Kann ich mir größeres Glück wünschen?
Dieses Wort ist zu meinem immerwährenden Gebet geworden: Mein Gott und mein alles.

~ Was ich auch bin, Herr, ich lege mein ganzes Leben in diese Anrufung. Mein Herz, das nach dir verlangt, spürt, ob du zugegen bist. Wenn nicht, rufe ich mit diesem Wort nach dir.

~ Du schenkst meinem Herzen tiefe Ruhe, großen Frieden und festliche Freude. Mein Auge machst du hell, sodass ich in allem das Gute sehe, das wiederum auf dich zurückweist.

~ Ohne dich kann ich nichts tun, und jede Freude verblasst. Doch wenn deine Gnade mich begleitet und ich das Salz deiner Weisheit schmecken darf, erstrahlt die Welt für mich in hellem Licht.

INNEHALTEN

Du lehrst mich, Herr,
dass oft Antworten,
die ich von dir erbitte, mehr im Schweigen
als im Schauen und Sprechen liegen.
Lass mich staunend innehalten
und die eigentliche Wahrheit des Glaubens
wahrnehmen.
Schenke mir durch deinen Heiligen Geist
die Kraft der wahren Erkenntnis
und der Lebensfreude.
Mögen bei deinem Kommen
die dunklen Gegenkräfte machtlos
und ohnmächtig zu Boden fallen.
Du hast den uns unbesiegbar erscheinenden
Tod zunichte gemacht
und ein für alle Mal
durch die Auferstehung und das Leben
überwunden.

KOMMUNION

Herr, wie groß
waren die Vorbereitungen deiner Getreuen,
bis sie imstande waren,
deine Gegenwart aufzunehmen!
Wie kurz ist dagegen die Zeit,
in der ich mich auf dich vorbereite?
Selten bin ich ganz gesammelt,
da mich immer wieder zerstreuende Gedanken
vom Wesentlichen trennen.
Was kann ich tun, damit nichts mich
von deiner heilbringenden Gegenwart ablenkt?
Wie soll ich mich verhalten, wenn
in der Stille der Vorbereitung zur Kommunion
alte Eindrücke in mir aufsteigen
und sogar mein Herz besetzen?
Wie werde ich frei von Ballast,
den ich mit mir herumschleppe?
Ich möchte unbelastet, frei und offen sein
für den, der sein Kommen angesagt hat,
für den, der mir seine Nähe und Liebe
schenken will.

Es ist wahrhaft ein Wunder,
unbegreiflich für den menschlichen Verstand,
dass du, wahrer Gott und wahrer Mensch,
unter der unscheinbaren Gestalt
von Brot und Wein zugegen bist.
Du, Herr des Weltalls,
willst durch dieses Sakrament
unter uns und in uns wohnen.
Erhalte Körper, Geist und Seele gesund,
sodass ich oft deine Geheimnisse feiern
und zu meinem Heil und zum Heil der Welt
empfangen kann.
Du hast sie eingesetzt,
damit wir ständig neu Kraft aus dir schöpfen
und niemals vergessen,
was deine Liebe an uns bewirkt.

KOMMUNION

Wir alle, Herr, haben eine Sehnsucht
nach religiöser Erfüllung.
Wer sich auf den Weg begibt und sich öffnet,
dem kommt etwas Großes, Lichtes
und Wesentliches entgegen.
In der heiligen Kommunion, Herr,
bist du es, der auf uns wartet.
Durch deine Gnade, die uns zuteil wird,
bewahrst du uns vor dem Bösen
und stärkst das Gute in uns.
Doch trotzdem bin ich oft nachlässig
und zerstreut.
Aber was geschähe erst einmal mit mir,
wenn ich deiner Einladung
nicht folgen würde?
Ich verspreche dir,
mich besser vorzubereiten.
Für meine Seele bedeutet das Abendmahl
ein Verweilen in ihrer Heimat,
geistliche Stärkung und
Hoffnung auf das ewige Leben.

KRANKHEIT

Warum, Herr, geschieht es,
dass uns Wunden geschlagen werden
und Körper und Seele leiden?
Du hast das unendlich Gute
mit jedem von uns vorgesehen,
und doch müssen wir auf dem Weg zu dir
leiden – oft beängstigend.
Im Stillsein geschieht das Wunder:
Mitten im Aussichtslosen bist du zugegen,
du berührst die Seele
und erfüllst sie mit deiner Gegenwart,
und alles, selbst der Schmerz und die Angst,
werden zur Verherrlichung deiner
entgegenkommenden Liebe.
Lass uns, Herr, die Wandlung einsehen
und bleibe bei uns bis zum Ende,
da, wo ein neuer Anfang geschieht.

KRANKHEIT

Lass mich, Herr,
in der Gefährdung irdischen Seins
aus ganzem Herzen zu dir rufen.
Du hast mich ausgerüstet
mit der Fähigkeit zu lieben,
doch ich habe sie nicht gepflegt
und bin Dingen nachgelaufen,
derer ich mich vor dir schäme.
Mein Herz ist krank –
du allein weißt warum
und wie es weitergehen wird.
Willst du es sprengen, damit es mehr Liebe
aufnehmen und weiterschenken kann?
Verleihe mir Einsicht
in die Gründe deines Tuns
und schenke mir die Kraft,
den schmerzhaften Aufbruch
bejahend anzunehmen und
deinen Willen liebend zu erfüllen.

KREUZ

Alles, Herr, möge mir
in der Kraft deiner Gnade gelingen.
Ich habe die ersten Schritte
auf dem Weg zu dir getan und weiß,
dass ich das Kreuz, das mir auferlegt wurde,
nicht umgehen kann.
Mit dir zusammen ist es leichter zu tragen.
So will ich versuchen, den Weg mit dir
bis zu meinem Tod zu gehen,
denn du führst mich darüber hinaus.
Für viele Menschen –
und für sie möchte ich beten –
ist das gesamte Leben
zu einem Kreuz geworden.
Wandle ihr Leiden und schenke ihnen
bald Erlösung und Heil.
Lass ihr Leben neu aus dir geboren werden
und vollende es in der Auferstehung.

KREUZ

Mein großer Wunsch, Herr, ist es,
dass viele ihren Weg mit dir zusammen gehen.
Du, Herr, wirst allen,
die sich aufmachen zu dir, entgegenkommen
und ihnen nahe sein.
Du wirst das Kreuz
eines jeden von uns mittragen
und uns die Last leicht machen.
Alle Sorge und Angst schwinden,
denn du gehst uns voran,
um uns sicher zu führen.
Du bist unser Heil und Heiland,
der für uns eintritt, uns den Weg weist
und allen hilft, ihr Kreuz zu tragen.

KREUZ

Ich möchte mit Christus,
dem Auferstandenen,
das Kreuz des Todes überwinden,
die Sünde, die Vernichtung, die Demütigung.
Ich spüre das Kreuz als Hoffnung
auf eine Zukunft, die allen Zwiespalt löst,
als Zeichen des Friedens, der Fülle,
des Lichtes und der Vollendung.
Herr, lass das Kreuz für mich
nicht mehr Bild des Leidens sein, sondern
ein Zeichen der Überwindung des Leidens,
Zeichen der Auferstehung und Erhöhung.
Du sagst:
«Ich aber werde, wenn ich von der Erde
erhöht bin, alle an mich ziehen.»

KREUZ

Herr, auf dem Weg zu dir und
auf dem Weg zu den Gründen meines Daseins
komme ich nicht am Kreuz vorbei.
Es hilft mir, aus der Vielfalt der Welt
und der Zerstreutheit meines Herzens
zu dir, zum Quell des Lebens zu finden.
Du bist in deiner sich verschenkenden Liebe
bis zum Äußersten gegangen.
Und bis zum Äußersten
kommst du mir entgegen.
Dein Mund spricht:
«Ich habe dich nicht aus der Ferne geliebt.»
Lass mich, Herr, durch das Kreuz
wieder heil werden.
Komm, Herr Jesus, und lebe in mir,
in der Fülle deiner Kraft,
in der Lauterkeit deiner Wege,
in der Heiligkeit deines Geistes
und bezwinge alle böse Macht
durch deinen Geist
zur Ehre des Vaters.

KRIEG

Zerstreue, Herr, die Völker,
die Verwirrung stiften
und Lust am Krieg haben.
Sie versammeln sich auch in mir
und beraten sich.
Mit deiner Kraft zerstreue sie,
wirf sie zu Boden und vernichte sie.
Lass deine Größe zum Vorschein kommen
und erhelle alles, was dunkel ist,
denn all unsere Hoffnung und Zuflucht
bist du, unser Herr und unser Gott,
du allein.

Herr Jesus Christus,
du bist mein Bruder und mein Freund.
Du gehst mit mir in den Tod
und darüber hinaus.
Dein Weg führt ins Leben.
Lass deinen Weg auch zu meinem Weg
werden.
Wenn ich untreu werde, so bleibst du treu.
Wenn ich auf Abwege gerate,
führst du mich zurück auf den rechten Weg.
Durch das Bekenntnis des Schächers
hast du mir gezeigt,
dass es für die Umkehr niemals zu spät ist.
Herr Jesus Christus,
du hast das Los des Sterbens
mit allen Menschen geteilt,
um sie zum Leben zu führen.
Schenke mir Gewissheit im Glauben,
dass auch ich mit dir leben werde.
Sei mit mir, jetzt
und in der Stunde meines Todes.

LEID

Herr, mein Leben liegt in deiner Hand.
Was ich von dir empfange,
kann nur zum Besten für mich sein.
Zwar habe ich diese Gewissheit –
und doch kann ich nicht ruhig
und geduldig bleiben, wenn ich leiden muss.
Zweifel und Angst breiten sich
über dieser Gewissheit aus
und bestimmen mich.
Kein Mensch konnte mir bisher
ausreichend antworten auf die Frage,
warum immer wieder Leid zu ertragen ist.
Da ich nicht verstehe,
wende ich mich vertrauensvoll an dich,
Herr, und bitte um Einsicht.

LEID

Es ist für mich nicht leicht, Herr, deinen Willen zu erkennen, vor allem aber ihn anzunehmen. Oft erkenne ich erst im Nachhinein, welch tief greifende und wandelnde Kraft das Leid hat, das ich durchstehen musste. Doch kann ich nicht, Herr, wie viele es tun, dieses Leid als Gnade ansehen und dir dafür danken. Obgleich nichts in dieser Welt grundlos geschieht, so bleibt mir doch der Einblick in den Zusammenhang von Leid und Gnade verschlossen. Eines kann ich jedoch aus meiner Erfahrung sagen: Jede leidvolle Phase, die ich erfahren musste, hat meine Beziehung zu dir, Herr, wesentlich verändert. Ich bin demütiger, bescheidener und dankbarer geworden. Ich spüre eindeutiger, wo und wie ich mich einbringen muss oder ob gar Schweigen die bessere Antwort ist. Ich habe gelernt, behutsamer und rücksichtsvoller mit anderen Menschen umzugehen und in keinem anderen Menschen einen Gegner oder Feind zu sehen.

LICHT

Bewahre mich, Herr,
vor falschen Entscheidungen, vor Leid,
das ich anderen und somit auch mir zufüge,
und vor allem Bösen,
das durch mich ausgelöst werden könnte.
Mein Herz ist wach, und ich bin bereit,
auf dein Wort zu hören.
Lass dein Licht in mir aufgehen
und deine Liebe in mir erglühen.
Du, Herr, hast gesagt,
dass du meinen Namen niemals
aus dem Buch des Lebens streichen wirst,
sondern dich vor deinem Vater
und vor seinen Engeln zu mir bekennst.

LICHT

Du, Herr, bist das ewige Licht,
das alles erschaffene Licht überstrahlt.
Sende einen Lichtstrahl in mein Herz
und entflamme mich mit deiner Liebe.
Läutere, erfreue, kläre und belebe
meinen Geist und all seine Kräfte,
sodass er sich zu dir aufschwingen kann.
Lass mich dahin wachsen,
dass du mir alles in allem bist.
Ohne diese Gabe fehlt mir
das Wesentliche im Leben:
die Fülle der Freude
und der Reichtum an Liebe.
Aber noch lebt in mir der «alte Mensch»,
der sich wider den Geist empört
und das Reich der Seele nicht
zur Ruhe kommen lässt.
Ihm und der Dunkelheit zu widersagen
wird mir jedoch nur gelingen,
wenn du mir zur Seite stehst
und mein Licht bist.

LIEBE

Was ich von dir erwarten darf, Herr,
ist unaussprechlich.
Du lässt mich deine liebende Güte erfahren
und holst mich näher zu dir.
Herr, wie sehr du mir zugetan bist,
hast du mir gezeigt und bewiesen,
indem du, als ich noch nicht war,
mich erschufst.
Und als ich mich weit von dir entfernte
und umherirrte,
führte deine liebende Hand mich zurück.
Du hast mir deine Liebe ins Herz gelegt,
sodass auch ich lieben kann.

Herr, mache mein Herz weit und fülle es mit Liebe. Diese Liebe möge so überwältigend und stark sein, dass nichts sie mindern oder verdrängen kann.

~ Ich möchte ergriffen werden von deiner Liebe und über mich selbst hinauswachsen.

~ Das Lied der Liebe möchte ich singen und dich, Herr, bitten, dass sie mich niemals mehr verlassen möge. Deinem Namen will ich lobsingen und dich mit all meiner Kraft des Herzens widerlieben.

~ Alle, die dich lieben, und alles was du geschaffen hast, möchte auch ich lieben. Das Gesetz der Liebe hast du lichthell in unsere Seelen geschrieben. Schenke uns die Gnade, es zu verstehen und zu verwirklichen.

Herr, wie groß ist dein Erbarmen.
In jedem Augenblick kannst du mir
die ersehnte Gnade gewähren und
das Feuer der Liebe in mir entzünden.
Doch will ich in Geduld warten
bis der Tag gekommen ist,
an dem du dich mir zuwendest
und mein Herz mit Freude
und meine Seele mit Licht erfüllst.
Du sagst,
dass jedes deiner Geschöpfe einmalig ist
und du eine große Sehnsucht
nach jedem von ihnen hast.
Ich bitte dich, Herr, entzünde auch in mir
eine Sehnsucht nach dir,
sodass ich noch stärker nach dir rufe
und dich noch inniger liebe.
Bleibe bei mir und beseele mich
mit deiner Liebe, damit ich einmal
in die Gemeinschaft der dich Liebenden
aufgenommen werde.

Herr, du übertriffst alles
an Liebenswürdigkeit und Liebe,
denn alles, was liebenswürdig ist
und lieben kann, kommt von dir.
Ich komme zu dir,
weil du mein Innerstes angesprochen hast.
Ich bitte dich, mich so anzunehmen
wie ich vor dir stehe.
Zur Heilung komme ich zu dir
und um Ermutigung auf meinem
Glaubensweg rufe ich dich an.
Mit dir darf ich reden –
mit dir, der alles kennt und um mich weiß,
dem auch mein Innerstes nicht verborgen ist.
Du allein kannst mich aufrichten
und das, was verwundet ist, heilen.
Du weißt, was mir am meisten fehlt
und was ich lernen muss,
damit sich meine Sehnsucht erfüllt.
Schenke mir Einsicht
und gib die Kraft zur Verwirklichung.

LIEBE

Möge doch deine Gegenwart
alles Schlechte in mir ausbrennen
und mich in dich verwandeln,
damit mein Geist
durch die Gnade innerer Einigung
eins mit dir werde.
Lass mich nicht hungrig und kraftlos
von dir gehen, sondern schenke mir
dein Erbarmen,
wie du es mir schon so oft erwiesen hast.
Du, Herr, bist wie ein Feuer,
das ewig brennt.
Du bist die Liebe, die das Herz reinigt
und erfüllt und den Verstand erleuchtet.
Wie wunderbar wäre es,
wenn ich von dir so ergriffen würde,
dass mein Herz vor Liebe brennen,
mein Bewusstsein erleuchtet und
ich mit dir einmal ganz vereint sein würde!

LOB UND DANK

Du hast mich erschaffen
und trägst Sorge für mich.
Ich weiß, du bist mein Vater und Freund,
der es unendlich gut mit mir meint.
Ich rufe im inneren Gebet zu dir
und bitte um dein Erbarmen.
Die ganze Schöpfung möge dich preisen,
dich, den Herrn des Himmels und der Erde.

Du, Herr, weißt,
was für mich das Rechte ist.
Du weißt richtig mit mir
und den Deinen umzugehen.
Nimm die Liebe von mir an –
und sei sie noch so gering.
Und wenn du mich auch
durch Täler des Lebens schickst,
so wirst du mir trotzdem
das Übermaß deiner Liebe offenbaren.
Herr, gib mir Worte, deine Werke zu preisen,
wie meine Seele sie erkennt.

Die gesamte Sphäre zwischen den körperlichen und seelischen Toden, die ein Mensch sterben kann, hast du, Herr, durchschritten.

~ Du hast dich der unausdenklichen Konsequenz von Verlassenheit ausgeliefert, um all denen nahe und Nächster zu sein, die in Finsternis leben.

~ Deine Handreichung bringt Segen, Erlösung und Licht, denn du hast den Schlüssel zu jedem unserer Abgründe.

~ Deine kraftvolle und gleichzeitig liebende Hand sagt uns, dass wir zu Erlösten werden und in das Reich deines Lichtes gehören.

LOB UND DANK

Mein Gott und mein alles, du lässt mich inmitten der Dunkelheit das Licht schauen, damit ich nicht mehr als Erstes den Schatten in deinen Geschöpfen sehe, sondern das Gute – selbst wenn es noch so verborgen ist. Mit ihnen zusammen möchte ich dir danken und dich preisen.

Von dir geht alles wirkliche Leben und jede wirkliche Begegnung aus. Du baust mir und allen die Brücke vom Schöpfer zum Geschöpf, von der Ewigkeit in die Zeit und vom unerschaffenen Licht zum erschaffenen Licht, wie es mir in der Vielgestaltigkeit der Welt farbig entgegenleuchtet.

Deine Liebe, mit der du mir entgegenkommst, setzt eines voraus: dass ich aufbreche und meinen Fuß auf diese Brücke zu dir setze.

Ich lobe dich, Herr, und preise dich,
denn dein ist das Reich und die Kraft
und die Herrlichkeit
in Ewigkeit.
Wenn ich zu dir, Herr, bete,
lass nicht zu,
dass es nur ein Beten
mit den Lippen ist.
Lass meinen Mund schweigen
und führe mich durch das innerliche Gebet
zu dir.

LOB UND DANK

Gelobt seist du, mein Herr,
für diesen Augenblick,
der die ganze Ewigkeit in sich enthält.
Gelobt seist du, mein Herr, für die Zeit,
in der wir unsere Schritte
auf dich hin lenken dürfen.
Gelobt seist du, mein Herr,
für die Veränderung,
durch die allein du uns zu dir bringst.
Gelobt seist du, mein Herr, für die Stille,
aus der wir deine Gnaden empfangen dürfen.
Gelobt seist du, mein Herr, für das Lob,
mit dem wir dich loben dürfen.
Gelobt seist du, mein Herr,
für das Vergangene,
aus dem das Gegenwärtige geboren wird.
Gelobt seist du, mein Herr,
für das Erkennen, dass du ewig bist.
Gelobt seist du, mein Herr,
für das Fühlen, dass du die Liebe bist.

Gelobt seist du, mein Herr, für die Sinne,
die dein Wesen ergründen dürfen.
Gelobt seist du, mein Herr,
für die Wahrnehmung,
durch die wir dich erkennen dürfen.
Gelobt seist du, mein Herr, für die Liebe,
die du allen Geschöpfen gewährst.
Gelobt seist du, mein Herr, für die Sterne,
die von deiner Unendlichkeit künden.
Gelobt seist du, mein Herr, für die Täler,
damit wir die Höhen wertschätzen.
Gelobt seist du, mein Herr,
für die Dunkelheit,
damit wir das Licht lieben lernen.
Gelobt seist du, mein Herr, für die Nacht,
damit am Ende die Sonne aufgehen kann.
Gelobt seist du, mein Herr, für das Meer,
das den Strom unserer Sehnsucht aufnimmt.
Gelobt seist du, mein Herr,
für die Stunden der Einsamkeit,
die eine noch größere Liebe zu dir wecken.

Gelobt seist du, mein Herr, für das Wort,
durch das du dich geoffenbart hast.
Gelobt seist du, mein Herr, für das Wort,
durch das du uns zu dir führst.
Gelobt seist du, mein Herr, für die Gnade,
das Unbeschreibliche beschreiben zu dürfen.
Gelobt seist du, mein Herr,
für die Heiligen Schriften,
die uns den Weg zu dir bereiten.
Gelobt seist du, mein Herr,
für die vielen geistlichen Schriftsteller,
die uns deine Liebe näher bringen.

MARIA, MUTTER GOTTES

Ist auch das, Herr,
was ich dir entgegenbringen möchte, gering,
so opfere ich dir doch
die ganze Liebe meines Herzens.
Mein Sein, all mein Wünschen,
Fühlen und Denken biete ich dir freudig an.
Nichts möchte ich dir vorenthalten –
mich selbst möchte ich dir in Liebe opfern.
Mein Herr und mein Gott,
mein Schöpfer und mein Erlöser,
so herzlich und ehrfürchtig,
so dankbar und liebevoll,
mit so viel Glauben, Hoffnung und Liebe
möchte ich dich heute aufnehmen,
wie dich deine Mutter Maria ersehnt
und empfangen hat, als ihr der Engel
das Geheimnis der Menschwerdung verkündete
und sie demütig und bejahend antwortete.

Heilige Maria, Mutter Gottes, ich rufe dich an, mir zu helfen. Deine innere Größe und deine Hingabe im Gebet sind mir Vorbild, denn alles, was auf mich zukommt, will ich ergründen und verstehen.

~ Du, Maria, Mutter des Herrn, konntest das Wunder Gottes, das an dir geschah, gedanklich nicht fassen, und doch hast du bedingungslos Ja zum Vorhaben des Schöpfers gesagt.

~ Hilf mir, dass auch ich die bedingungslose Hingabe an die Liebe Gottes lerne, das eigene Ich zurücknehme und die innere Armut erfahre, die der Herr selig preist.

~ Lege für mich bei deinem Sohn Fürsprache ein, dass mein verschlossenes Herz durch das Loslassen von allem sich der entgegenkommenden Liebe Gottes öffnet, damit sie in mir bleiben und wohnen kann.

MARIA, MUTTER GOTTES

Maria, du Mutter des ewigen Wortes,
du bist in mein Schicksal gekommen,
als mir Angst war
und mein Leben zu zerbrechen drohte.
Du musstest viel Schweres ertragen
und hast geschwiegen.
Du hast deinen Sohn begleitet
bis in den Tod – im Glauben,
dass es eine Auferstehung gibt.
Du bist die Wege Gottes gegangen
und aufgenommen worden in den Himmel.
Du hast für mich Fürbitte eingelegt
bei deinem geliebten Sohn,
unserem Herrn und Heiland Jesus Christus.
Und ich durfte neu das Leben
und die göttliche Gnade empfangen.
Dir, du Mutter des Herrn,
Wegbereiterin meines neuen Lebens,
sei Lob und Dank jetzt und alle Tage
und in Ewigkeit.

MUTLOSIGKEIT

Herr, ich stehe noch am Anfang und kenne mein Unvermögen. Ich möchte allzu gern noch Gleiches mit Gleichem vergelten, und mir fehlt es an Einsicht und Geduld.

~ Und so bitte ich umso inständiger um deine Gnade, die in mir das ausführen möge, was mir durch meine Möglichkeiten unausführbar erscheint. Du siehst, wie begrenzt ich bin und schon bei den geringsten Schwierigkeiten aus der Bahn geworfen werde. Sobald sich ein für mich unüberwindbar scheinendes Hindernis einstellt, verliere ich den Mut, resigniere und leide.

~ Ich weiß, Herr, dass dir dies missfällt. Hilf mir daher, mein Leben mit dir zusammen zu gestalten, führe mich zu tieferer Einsicht, lehre mich geduldig zu sein, und mache mich in allem ausdauernder und tragfähiger.

NÄCHSTENLIEBE

Herr, lass deinen Willen
zu unserem Willen werden.
Gib uns die Kraft,
uns zurückzunehmen, um nicht vorschnell
über die Wege der anderen zu urteilen.
Wie groß sind oft die Verletzungen,
die wir anderen zufügen,
wenn nicht dein Heiliger Geist in uns atmet.
Herr, du übernimmst die Sorge
für unser Tun oder Lassen,
damit wir in allem Fortschritte machen.
Du weißt, wie wir uns dir
am schnellsten nähern können.
Führe uns diesen Weg,
gib uns ein Staunen und die Einsicht,
dass wir niemals anderen
gegen deinen Willen etwas vorschreiben.

NOT

Du bist mir fern, Herr,
und ich kann dich nicht erreichen.
Und wann werde ich wieder so weit sein,
dass meine Seele sich dir öffnen kann?
Wann werde ich wieder aus ganzem Herzen
zu dir rufen und dich preisen?
Herr, lass es nicht zu,
dass ich so geteilt und zerrissen bin!
Lass es nicht zu,
dass Denken, Fühlen und Wollen
ihre eigenen Wege gehen
und sich von dir entfernen.
Ich leide und weiß nicht mehr,
was zu tun ist.
Herr, eile mir zu Hilfe!

PRÜFUNGEN

Ich weiß, dass ich immer wieder Stunden der Prüfungen durchmachen muss. So ergeht es mir jetzt, in diesem Augenblick, wo ich zu dir, Herr, rufe. Wenn es mir auch nicht gut geht, so spüre ich doch in meinem tiefen Inneren eine Verbindung zu dir, eine tragende Kraft.

Ich weiß, dass die Zeiten der Prüfungen und des Niedergedrücktseins nicht lange dauern werden, und doch scheinen sie nicht enden zu wollen. Ich fühle mich wie abgeschnitten vom Strom der Liebe. Vor den Menschen versage ich. Ich werde nicht angenommen und habe das Gefühl, von ihnen gedemütigt zu werden. Ich leide.

Herr, ich warte auf dein Wort und deine Erlösung. Lass das Morgenrot deines Lichtes in meiner Seele wieder aufgehen, sodass ich mit dir auferstehen kann. Du hast alles so wunderbar gefügt und geordnet. Und so mögen auch an meinem Leben dein Wille und deine Liebe sichtbar werden.

QUELLE

Allein, Herr, vermag ich wenig.
Ich bin auf dich und den Strom deiner Liebe,
den du mir eröffnest, angewiesen,
denn von dorther erhalte ich
meine Lebenskraft.
Bist du nicht bei mir, laufe ich Gefahr,
abzugleiten und Dingen nachzujagen,
die in Wirklichkeit nichts sind.
Wenn ich von dir nicht gestützt
und innerlich geformt werde,
bin ich haltlos und fühle mich ohnmächtig.
Du allein, Herr, bist die Quelle des Seins
und gibst das Leben.

QUELLE

Herr, unser Gott,
du bist mehr als die unendliche Güte –
unfassbar für unser Denken.
Alle Heerscharen brennen in Liebe vor dir.
Führe auch die Menschen
auf den geistlichen Weg,
die dir gegenüber blind und undankbar sind.
Wende dich denen zu,
die sich von dir, unserem Gott,
abgewandt haben.
Wende dich denen zu,
die den Verlockungen dieser Welt erliegen
und die Quelle des lebendigen Wassers
verlassen haben.

QUELLE

Herr, ich spüre, dass meine Seele
sich nicht lange bei dem aufhalten darf,
was geringer ist als du.
Sie kann die Ruhe,
die allem Geschaffenen zugrunde liegt
und nach der alles Geschaffene sich sehnt,
nur in dir allein finden.
Öffne mir den Weg
über alles Sichtbare hinaus,
über alles Denk- und Vorstellbare hinaus
zu dem, was auch jenseits aller Gefühle
als Quellgrund in dir verborgen ist.

RÜCKKEHR

Herr, in deiner überreichen Liebe
und in deinem liebenden Entgegenkommen
eröffnest du uns neue Wege zum Leben.
Immer neu und ohne nachzutragen
schenkst du uns –
wenn wir uns von dir entfernt haben –
die Möglichkeit, zu dir zurückzukehren.
Gib uns eine größere Liebe,
die alles verzeiht
und die Seele deiner Geschöpfe
mit ewigem Leben erfüllt.
Dir, Herr, sei Lob und Dank,
jetzt und alle Zeit und in Ewigkeit.

RUHE

Herr, du unser Freund
und du unser Vater!
Schenke uns die Einsicht und Gnade,
deinem Willen vollkommen zu entsprechen.
Lehre uns in der Nachfolge Jesu
das Kreuz anzunehmen und zu überwinden.
Lass uns nicht nur seinen Tod verkünden,
sondern wahrhaft mit ihm sterben,
um mit ihm aufzuerstehen.
Schenke uns Gelassenheit,
Ruhe der Seele
und Erkenntnis unserem Verstand.
Befreie uns von allen Anhänglichkeiten,
die uns hindern auf dem Weg zu dir.
Gib uns ein reines Herz,
dass wir dich schauen.
Führe uns den geistlichen Weg
der Ruhe und der Hingabe.
Bekleide uns mit deiner Gnade,
erfülle uns mit deiner Liebe
und führe uns den Weg zur Vollkommenheit.

RUHE

Jesus Christus,
unser Herr und Heiland,
begleite mich mit deiner Gnade
und gewähre sie mir allezeit.
Mein Wünschen und Wollen mögen niemals
von dem abweichen,
was du für mich bestimmt hast.
Lass meinen Willen zu deinem Willen werden,
dass sie eins seien.
Schenke mir
über alles Wünschen und Wollen hinaus,
dass ich in dir Ruhe finde und
mein Herz von deinem Frieden erfüllt ist.

SAKRAMENT DER LIEBE

Mein Herr und mein Gott, segne mich, bevor ich zu deinem Tisch gehe, damit ich das Sakrament deiner Liebe würdig und mit offenem Herzen empfange. Befreie mich von allen Hindernissen, die mir den Weg zu dir verstellen.

~ Nimm von mir alle Trägheit und die Kälte meines Herzens. Lass mich deine heilbringende Gnade erfahren, die von diesem Sakrament, dem Quellgrund deiner Liebe, ausgeht.

~ Erleuchte die Augen meiner Seele, damit sie das große Geheimnis schauen. Stärke meinen Glauben, damit keine Unsicherheit und keine Zweifel mich überfallen.

~ Du, Herr, hast dieses Sakrament eingesetzt und nicht der Mensch. Niemand vermag das Geheimnis der Liebe zu fassen und zu begreifen – selbst die Engel im Himmel stehen staunend und anbetend davor.

Herr, du hast mich gerufen.
Und so komme ich in aller Einfachheit
mit guten Vorsätzen und
fest an dich glaubend zu dir.
Ich weiß, dass du wahrhaftig
in diesem Sakrament zugegen bist –
als Gott und Mensch.
Du möchtest, dass ich dich empfange
und eins mit dir werde.
Schenke mir diese besondere Gnade,
sodass ich mich selbst verlassen und
mich dir voll Vertrauen hingeben kann.
Denn dieses Sakrament deiner Liebe
bringt Heil für Leib und Seele,
ist Arznei gegen jede geistliche Lähmung,
kultiviert ungute Leidenschaften,
heilt mit himmlischer Kraft den Schaden,
der durch die Sünde entstanden ist,
vergrößert den Glauben, stärkt die Hoffnung
und entflammt die Liebe, damit sie
überströmen und sich verschenken kann.

SCHMERZEN

Herr, körperliche Schmerzen
engen meinen Blick ein und
lenken ihn nur in eine Richtung,
auf den Wunsch hin,
endlich hiervon erlöst zu sein.
Die Situation erscheint mir ausweglos
und es gelingt mir nicht,
dich in den Blick
und in mein Herz zu nehmen.
Herr, schenke mir das Vermögen,
innerhalb meiner Schmerzen Ruhe zu finden
und im Gebet mich auf dich auszurichten.
Schenke mir Einblick
in eine andere Dimension meines Lebens
und die Kraft,
das Leid so lange zu ertragen,
bis es von mir genommen wird.
Segne meine Seele und meinen Körper,
damit sie Gesundheit erlangen.

SCHWEIGEN

Mir fehlen die rechten Worte,
dir, Herr, zu danken.
Lass mich vor dir schweigen,
denn bevor du mir die Worte
in den Mund legst, kennst du sie bereits.
In Dankbarkeit verneige ich mich vor dir,
Herr, und preise staunend
das Wunder deiner Werke.
Du führst in der Weisheit des Vaters
zum wahren Leben
und schließt niemanden aus.
Dich lobe und preise
meine Seele durch Schweigen,
dich lobe und preise
die gesamte Schöpfung.

SEGEN

Der erste Strahl der Sonne
möge deine Augen und dein Herz berühren.
Sei heute und immer fest
in dir und Gott verankert und
verliere niemals den Boden unter den Füßen.

Möge wie die aufgehende Sonne im Osten
dir an diesem Tag Christus
und das Licht seiner Liebe einleuchten.
Wie die Schwerkraft deinen Körper anzieht,
so sollen dein Geist und deine Seele
von der Liebe Gottes angezogen werden.

Mögest du offen sein
für die Belange anderer Menschen und
sie wahrnehmen, so wie du mit bloßen Füßen
jede Unebenheit auf der Erde spürst.
Bei all deinem Tun und Denken sei dir
deiner ureigensten Aufgabe bewusst:
die Erde wieder mit dem Himmel
zu verbinden.

SEGEN

Möge sich dein Horizont weiten
und niemand es vermögen,
dich und deine Liebe einzuengen.
Deine Mitte ist Christus –
die Wahrheit und das Leben.
Er soll in dir spürbar werden,
selbst wenn das Rad des Tages sich
schneller dreht
und du einmal an den Rand
gedrängt werden solltest.

Möge es dir gelingen,
Getrenntes zu einer Einheit
zusammenzuführen.
Aufrichtigkeit und Ausrichtung auf Christus
sollen zur Grundlage deines Tages werden.
Mögest du durch dein Tun und Denken
auch für andere Menschen
den Himmel wieder öffnen, der für sie
vielleicht lange verschlossen war.

Weise durch all deine Handlungen
und dein Sprechen über dich selbst hinaus,
sodass du empfänglich wirst und bleibst für
das liebende Entgegenkommen Gottes.

Mögest du dich niemals übernehmen,
sondern Atempausen einhalten,
die dir ein erholendes Loslassen gewähren.
Die Gnade Gottes soll dich
wie ein Schutzmantel umgeben,
alle Gefahren von dir fernhalten
und dich auffangen, wenn du fällst
oder andere über dich herfallen.

Der Herr sei über dir,
um dich immer wieder zu segnen
und dir seine Liebe und seinen Schutz
zu gewähren.

SEGEN

Möge der Segen der untergehenden Sonne,
die den Abend bringt,
dir innere Ruhe schenken und
zur Nacht deinen Schlaf bewachen.
Im Loslassen dessen,
was dir der Tag gebracht hat,
sollst du empfänglich werden für neue Gaben,
die bereits auf dich warten.

Mögest du an diesem Abend
wie an jedem neuen Tag
niemals deine Aufrichtigkeit verlieren,
die dich die Wirklichkeit erfahren
und dich das Leben bestehen lässt.
Sei in der Lage,
dich dem Unabänderlichen
zu beugen und nachzugeben,
wenn deine Willenskräfte
nichts mehr bewirken können.

SEGEN

Möge der Atem Gottes dich durchfluten
und seine tragende Kraft dich führen
über die letzten Hindernisse des Tages,
sodass der Abend voller Erfüllung
und die Nacht voller Dank ist.
Lege sowohl deine Sorgen
als auch deine Freude
im Gebet in die Hände Gottes
und vertraue auf seine unendliche Güte.

Möge durch deine Hingabe an ihn
dein Schlaf tief sein,
und mögen dich am Morgen
neue Lebenskräfte durchströmen.
Habe den Mut, alles von dir zu weisen,
was dich hindert,
den Weg in die Ruhe der Nacht zu gehen.
Der Herr möge auch in der Dunkelheit
bei dir sein,
das Licht über dir leuchten lassen
und deine Finsternis erhellen.

SEGEN

Segne meine Seele und
heilige sie mit deinem himmlischen Segen,
damit sie erleuchtet wird
und du immer in mir sein kannst.
Du bist reich an Erbarmen, Herr.
Sei mir gnädig und verzeih mir all das,
was in deinen Augen nicht recht war.
Erhöre mein Gebet
und sei besonders dann in meiner Nähe,
wenn ich mich einsam
und von dir weit entfernt fühle.
Bewahre meine Seele und beschütze sie
in den zahlreichen Gefahren, Prüfungen
und Versuchungen, die ich
in dieser Welt noch durchstehen muss.
Leite und begleite mich durch deine Gnade
auf dem Weg des Friedens
zur Heimat des ewigen Lichtes
und breite deinen Segen über mir aus.

SEGEN

Wie der Geist des Herrn
den Erdkreis erfüllt,
so erfülle er das Haus meines Leibes
mit seiner Gnade, auf dass es niemals mehr
erschüttert werden kann.

~

Mögest du eine sanfte Straße
auf dem Weg nach Hause haben,
Vollmond in der dunklen Nacht
und das Feuer des Geistes in deinem Herzen,
wenn der Abend kalt ist.

SEHNSUCHT

Wer bist du,
dem ich alles zu verdanken habe,
der die Finsternis in mir erhellt
und der das Herz erweicht,
das vorher hart wie Stein war?
Wer ist es, der quellendes Wasser spendet,
wo nichts als Trockenheit herrschte?
Wer weckt die Sehnsucht in mir
und gibt mir Mut,
den geistlichen Weg zu gehen?
Du, Herr, bist mein Ein und mein Alles,
und niemals wirst du mich verlassen.

SEHNSUCHT

Herr, du hast mir ein Urvertrauen
in meine Seele gesenkt.
Du gibst mir Halt und bist meine Stütze.
Was und wer könnte es anderes sein als du?
Ohne dich ginge es mir niemals gut –
doch mit dir immer.
Lieber möchte ich deinetwegen arm sein
als reich ohne dich.
Lieber möchte ich mit dir auf Erden sein
als ohne dich den Himmel besitzen.
Wo du bist, da ist der Himmel,
wo du nicht bist, herrschen
widergöttliche Kräfte und der Tod.
Ich habe Sehnsucht nach deiner Nähe,
darum rufe ich nach dir, seufze und bete.
Bedenkenlos, Herr, kann ich mich
auf dich verlassen.
Du kennst die rechte Stunde und schenkst mir
deinen Beistand und deine Hilfe.
Du bist mir treu
und nimmst mir die Angst vor dem Tod.

SEHNSUCHT

Die vorübergehende Freude
und Erfüllung in dieser Welt
verblassen und schwinden vor dem,
was wir erwarten dürfen, wenn du, Herr,
dich in der Fülle deiner Herrlichkeit offenbarst.
Ich spreche diese Worte
aus der Tiefe meiner Seele,
die das unendliche Verlangen hat,
mit dir vereint zu sein.
Ich weiß, dass diese Sehnsucht –
solange ich in dieser Welt lebe –
nicht erfüllt werden kann.
Oft bin ich in meinen Gedanken
und mit meinen Wünschen
der Gegenwart voraus.
Du, Herr, lehrst mich, Geduld zu üben
und Augenblick für Augenblick
in deinem Licht und nach deinem Willen
wahrzunehmen.

SEHNSUCHT

Herr,
meine Sehnsucht ist größer
als jede Erfüllung,
die die Welt geben kann.
Ich hungere und dürste
nach einem Wort von dir.
Du bist es,
der meinen Hunger und Durst stillen kann.
Du bist die Quelle,
aus der das Wasser ewigen Lebens strömt.
Du wirst all meine Sehnsucht erfüllen
und einmal alles Schwere,
das ich zu tragen habe,
von mir nehmen.

SEHNSUCHT

Herr, du mein Gott, ich suche dich. Verbirgst du dich vor mir? Lass mich erkennen, wie ich dich finden kann und zeig mir den rechten Weg.

~ Wenn deine Sehnsucht der Mensch ist und mein Herz unruhig, weil es nur Ruhe in dir finden kann, wird es einen Ort und eine Zeit der Begegnung geben, die einmal der Himmel und die Ewigkeit sein werden. Doch brennt mein Herz in dieser Zeit und Welt, und ich suche nach Spuren, die du innerhalb und außerhalb von mir hinterlassen hast.

~ Als dein Geschöpf fühle ich zu dir, meinem Anfang und meinem Ziel, eine Verbundenheit, die auch dann tragenden Bestand haben wird, wenn alles Vergängliche vergangen ist. Lass mich aus dieser Quelle, die scheinbar oft zu versiegen droht, mein Leben neu gestalten und auf dich hin ausrichten.

Du bist das Leben meiner Seele, die Freude meines Geistes, das hellste Licht meines inneren Wesens. Du bist der Ursprung meines Seins und der Anfang meines ersten Anfangs. Du bist Anfang und Ende zugleich und immer.

~ Nimm von mir, was dir missfällt und gestalte mich nach deinem Wesen. Mache mich zu einem Menschen nach deinem Herzen. Entzünde mich mit dem Feuer deiner Liebe und offenbare mir deine Gegenwart in meiner Seele.

~ Wandle mich und nimm mich auf in dir, dass ich nicht ferner von dir weiche. Nimm alles von mir, was mich hindert zu dir, um ein Geist mit dir und niemals mehr getrennt zu werden. Belehre mich, erleuchte mich und leite mich. Der du den Himmel und die Erde erfüllst, lass mein Herz nicht öde und leer.

~ Spät habe ich dich erkannt, und spät beginne ich dich zu lieben. Du warst in mir, und ich suchte dich draußen. Lass mein Herz deine Liebe begreifen und deinen Willen erfüllen. Dieses möge für immer geschehen durch das Erbarmen des Vaters, die Liebe des Sohnes und die Kraft des Geistes.

SEHNSUCHT

Wer dich liebt, mein Herr und mein Gott,
und dein unendliches Gutsein kennt,
den wird nichts so sehr erfreuen,
als dass dein Wille an ihm geschieht
und durch ihn deine Liebe
in die Welt getragen wird.
Sein Glück ist unvergleichbar.
Er fühlt sich auf dem letzten Platz
ebenso gelassen und zufrieden
wie auf dem ersten.
Ihm bedeutet es nichts,
ohne Ruf und Namen dazustehen –
im Gegensatz zu anderen,
die gern Ehre und Ruhm genießen wollen.
Deinen Willen zu erfüllen
und deinen Namen zu verherrlichen,
geht ihm über alles,
wenn du nur, Herr, ihm nahe bist
und ihn mit deiner Gnade erfüllst.
Herr, mache mich zu diesem Menschen,
dem du alles in allem bist.

SEUFZEN

Seufzen und Klagen befreien mich.
Vieles Ungute begegnet mir,
dem ich mich nicht entziehen kann.
Es beeindruckt und beunruhigt mich,
hält mich gefangen und verwehrt mir
im Gebet den freien Zugang zu dir.
Du, Herr, hast mich gelehrt,
auch gerade dann deinen Namen anzurufen
und den Weg in eine tiefere Ruhe zu suchen,
wenn äußere Umstände
und innere Betroffenheit
mich ganz zu besetzen scheinen.
In mein Seufzen und Klagen vor dir
lege ich alles hinein,
womit mein Inneres nicht allein fertig wird.
Ich danke dir,
dass ich mich vor dir ausdrücken darf,
denn du befreist mich.

SEUFZEN

Diejenigen, die diese Welt zurückgelassen haben, wissen um den Tag der Ewigkeit, der Freudentag heißt. In dieser Welt jedoch leben wir noch zu einem großen Teil außerhalb unseres Vaterlandes.

Um nach Hause zurückzufinden, hast du uns, Herr, den Weg gezeigt. Doch wir müssen ihn freilegen, um fortschreiten zu können. Wir versuchen, gute Vorsätze zu verwirklichen und im Gebet der Hingabe alte Eindrücke abzugeben. Darum seufzen wir oftmals, um uns Luft zu machen. Erlaube mir, Herr, jetzt vor dir zu seufzen und mich zu befreien:

Ich sehe viel Schmerz und Not in der Welt. Oft lähmt mich meine Angst, und auch mein Beten leidet darunter. Mein falsches Verhalten erweckt in mir Schuldgefühle. Es kommen Wünsche in mir auf, deren Erfüllung dich, Herr, beleidigen würden. Berechtigte und unberechtigte

Sorgen überfallen mich und nehmen mich gefangen. Ein Verlangen nach sonderbaren Dingen quält mich häufig. Starke Neugier lenkt mich vom Wesentlichen ab. Ich bin in ungute menschliche Beziehungen verwickelt und komme nicht aus ihnen heraus. Auch bin ich von vieler Arbeit erschöpft und komme nicht zum Beten. Versuchungen schleichen sich ein und belasten mich sehr.

Herr, schaffe Freiraum in mir und entlaste mich von allem, was mich bedrückt.

SEUFZEN

Verzeih mir, Herr,
wenn ich mitunter seufze oder mich beklage,
stöhne oder gar weine,
denn ich habe immer noch keinen Einblick
in die Zusammenhänge zwischen
der himmlischen Freude und dem Leid.
Oft rufe ich zu dir und bitte um Hilfe.
In diesen Zeiten ist es mir nicht möglich,
dich über alles zu loben und zu preisen, weil
es mir selbst so schlecht geht.
Doch immer hast du mir in allem,
was auch geschah, zur Seite gestanden
und wirst es auch weiterhin tun.

SEXUALITÄT

Herr, ich finde kaum Worte,
um dir zu danken und dich zu loben.
Du kennst mein Herz.
Und die Absicht, die ich hege,
ist dir nicht verborgen.
Nicht Leistung möchtest du von mir,
sondern Hingabe.
Ich bin auf diesem wunderbaren Weg,
den zu gehen du mich täglich neu lehrst.
Ich habe übergroße Freude daran
und finde geistige Erfüllung.
Und doch treten in bestimmten Abständen
Gegenkräfte auf, die trennen wollen.
Obwohl ich um ihre verdunkelnde Macht weiß,
lasse ich sie zu
und verbünde mich sogar oft mit ihnen.
Hilf mir daher,
richtig mit meinen sexuellen Kräften
und den damit verbundenen flüchtigen Freuden
umzugehen.

Zu dir, Herr, rufe ich: Befreie mich
aus der Gefangenschaft meines Ego
und schenke mir Geduld.
Gib mir die Kraft, die Last zu tragen,
die mir auferlegt ist.
Dir zu begegnen ist meine Sehnsucht,
doch kann ich dich nicht erreichen.
Mein Geist und meine Seele
werden zwar von dir angezogen,
doch Sorgen und leibliche Begierden
ziehen mich wieder nach unten.
Geistig-seelisch
möchte ich vieles zurücklassen,
doch körperlich bin ich in manchem
noch sehr verhaftet.
Es fällt mir oft schwer, diese Spannung –
mitunter wird sie auch zum Kampf –
zwischen Körper und Seele auszuhalten.
Steh mir zur Seite
und lass mich nicht fallen.

SICHERHEIT

Herr, wie kommt es nur,
dass wir das Gute, das du uns erweist,
so wenig begreifen
und es nicht für uns und andere
zum Nutzen anwenden?
Auf unterschiedlichste Weise
lässt du uns deine Liebe zuströmen;
doch wir, die wir in der Liebe zu dir
so wenig Erfahrung besitzen,
wissen nicht recht damit umzugehen.
Wir kehren allzu leicht in einengende
und schlechte Gewohnheiten zurück.
Unsere Gedanken wenden sich oft von dir ab –
anstatt offen zu sein
für die großen Geheimnisse,
die du uns im Heiligen Geist
offenbaren möchtest.

SICHERHEIT

Du, Herr, kennst mich besser,
als ich mich je kennen könnte;
du bist mehr um mich besorgt,
als ich es je sein könnte.
Ich stehe auf schwankendem Boden und weiß,
dass ich nur sicher gehen kann,
wenn ich mich dir ganz anvertraue.
Herr, ich habe das starke Verlangen,
mein Leben auf dich auszurichten,
damit das Wirklichkeit wird,
was du mir verheißen hast.
Was immer du mir schickst:
Es kann nur gut für mich sein.
Wenn du willst, dass Licht mich erfüllt:
So preise ich dich.
Wenn Finsternis mich umgibt:
Sei du meine Zuflucht.
Wenn Gnade mir zufließt:
So will ich sie weiterschenken.
Ich möchte dir nahe sein und dich lieben –
was auch immer mit mir geschieht.

SICHERHEIT

Herr, aus der Begegnung mit dir
empfange ich die absolute Gewissheit,
jederzeit zu dir zurückkehren zu dürfen.
Ich darf neue Kraft schöpfen
aus der schweigenden Ruhe im Gebet
und in dir letzte Geborgenheit erfahren.
Schenke mir diese Sicherheit im Glauben
auch inmitten aller Schattenhaftigkeit und
aller unumgänglichen Auseinandersetzungen.
Steh mir zur Seite in jeder Gefahr
und verlass mich nicht.
Sei auch dann mein Heiland und Retter,
wenn Unheil mich bestürmt
und mich zu Fall bringen will.

STAUNEN

Mein Herr und mein Gott,
wie groß sind deine Wunder!
Du hast in uns Geheimnisse verborgen,
die mich in großes Staunen versetzen.
Und viele wird es noch geben,
um die ich nicht weiß!
Wie einfältig sind wir und meinen,
etwas von dir zu verstehen.
Du bist überaus groß,
und deine Herrlichkeit tritt aus allem,
was du geschaffen hast,
leuchtend hervor.

STAUNEN

Herr, ich stehe sprachlos vor dir
und staune vor deiner unendlichen Liebe,
die du mir offenbarst und vor all dem,
was mir noch verborgen ist.
Deine Worte, die du zu mir sprichst,
geben mir Zuversicht und Sicherheit.
Doch wer bin ich,
dass ich mich zu dir erheben darf?
Du hast die Himmel und die Erde geschaffen,
dein Wesen ist in allem verborgen
und doch bist du nicht sichtbar.
Du wirkst in allem und ordnest alles.
Deine Liebe durchstrahlt die Schöpfung,
doch du schonst keines deiner Geschöpfe,
das sich über dich erhebt –
selbst die Engel nicht.
Vergib mir meine Überheblichkeit.
Ich müsste den rechten Weg
längst erkannt haben,
denn ich sah Menschen hungern,
die einst das Brot der Engel aßen.

STERBEN

Herr, du schenkst mir im Gebet
tiefe Ruhe und Gelassenheit,
die ich in meinen Alltag hineinnehmen darf.
Ich kann ihn kraftvoller bestehen.
Dafür danke ich dir täglich aufs Neue.
Oft jedoch überfällt mich Angst,
wenn ich an mein Ende in dieser Welt denke.
Daher bitte ich dich:
Gib mir das sichere Gefühl
einer letzten Geborgenheit in dir
und Mut zum Loslassen in der Sterbestunde.

STILLE

Bei mir, Herr,
durch Schicksalseinbrüche,
bei vielen durch Erkenntnis,
besteht der Wunsch
nach einer lebendigen Verbundenheit mit dir.
Von dir geht alle Leben spendende Kraft aus,
und du versagst niemandem deine Hilfe.
Ich danke dir, Herr,
dass du dich in der Stille des Gebetes
mir zuwendest.
Inmitten vieler Sinnlosigkeiten darf ich
den verborgenen Sinn des Lebens erahnen
und vieles erhält neu einen Sinn.

SÜNDEN

Herr, mir werden immer wieder
meine Fehler und Sünden bewusst.
Sie scheinen zu tief eingraviert zu sein,
als dass ich darüber schweigen könnte.
Wenn ich sie mir vor Augen führe,
schäme ich mich vor dir.
Du sagst mir jedoch, alles loszulassen
und dir mein Herz weit zu öffnen.
Das tue ich und will es künftig immer tun.
Doch viele Hindernisse –
das spüre ich deutlich –
stehen dem noch im Wege.
Daher möchte ich dir noch einmal
aus der Tiefe meines Herzens sagen:
Herr, ich habe gesündigt.
Erbarme dich meiner!
Ohne deine Zusage, mir nahe zu sein
und mich zu erlösen,
sähe ich keine Möglichkeit,
das Land des Schattens zu verlassen,
um in dein wunderbares Licht zu gelangen.

Du schenkst mir Verzeihung,
gibst mir Hoffnung, beruhigst mein Gewissen
und machst die unterbrochene Verbindung
zu dir wieder lebendig.
Du berührst meine Seele
und schenkst ihr dein Heil.

TAGESBEGINN

Gott, zu dir rufe ich
in der Frühe des Tages.
Hilf mir beten und meine Gedanken
sammeln; ich kann es nicht allein.
In mir ist es oft finster,
doch bei dir ist das Licht.
Ich bin einsam,
doch du verlässt mich nicht.
Ich bin kleinmütig,
doch bei dir ist die Hilfe.
Ich bin unruhig,
doch bei dir ist die Ruhe.
Ich verstehe deine Wege nicht,
doch du weißt den Weg für mich.
Du lässt deinen Kindern
alles zum Besten gereichen.
Herr, was dieser Tag auch bringt,
dein Name sei gelobt!

Herr Jesus Christus, der Trost, der aus deinen Worten spricht – selbst noch im Sterben – offenbart mir etwas vom Geheimnis meines eigenen Todes. Ich weiß: Im Augenblick des Todes ist das Leben geboren. ~ Diesen Weg zum Leben hast du mir durch dein Leiden und deinen Tod geöffnet. Du, Herr, hast das vom Vater aufgetragene Werk vollendet. Hilf mir, dass auch ich meine Aufgaben in dieser Welt mutig angehe und sie zu einem guten Ende führe. ~ Stehe mir bei, wenn mich die Finsternis des Todes überfällt, und führe mich aus dieser Dunkelheit in dein wunderbares Licht.

TOD UND AUFERSTEHUNG

Blind bin ich vielem gegenüber,
denn ich lasse mich allzu leicht
durch Äußerlichkeiten blenden.
Und dann beginne ich darunter zu leiden,
wenn die Dinge sich nicht
nach meinen Vorstellungen entwickeln
und ich zurückgesetzt werde.
Im Vergleich zu dem, was ich dir, Herr,
im Laufe meines Lebens angetan habe,
ist das, was andere mir angetan haben,
gering.
Sollte mir erneut Herabsetzung widerfahren,
müsste ich sie mit dieser Erkenntnis
geduldig hinnehmen und ertragen.
Immer tiefer führst du mich in das Geheimnis
deines Todes und deiner Auferstehung.
Warum nur sträube ich mich
gegen das Loslassen und Sterben,
wo du es doch bist, der mich führt
und wieder aufstehen lässt?

TREUE

Wer auf dich, Herr, vertraut,
wer dich mit aufrichtigem Herzen sucht,
der kommt nicht so leicht zu Fall.
Ich habe es erfahren und danke dir:
Als ich mich verstrickt hatte
und in Not war,
hast du deine schützende Hand
über mich gehalten
und mich von den Wirren befreit,
die ich mir selbst zuzuschreiben hatte.
Wer auf dich vertraut, darf sicher sein,
dass du dich ihm liebevoll zuwendest.
Du, Herr, stehst immer zu uns
und zeigst uns auch da deine Treue,
wo wir uns von dir entfernt haben.

ÜBEREIFER

Manchmal vernachlässige ich aus Übereifer zu dir und zum Geistigen das zum Leben Notwendige: das Essen, das Trinken, die Kleidung, meinen Beruf und oft sogar die Bedürfnisse anderer Menschen. Vieles wird mir lästig, und ich beginne es zu vernachlässigen.

~ Führe du, Herr, mich auf einen gesunden ausgewogenen Weg der Mitte zurück, damit ich nicht einseitig werde oder gar noch fanatisch.

~ Lass mich alles Notwendige mit Freude tun und erkennen, dass ich auch in der Vielgestaltigkeit des Lebens meinen Weg mit dir unbeschadet und segensreich gehen kann.

~ Deine Hand möge mich leiten und lehren, das rechte Maß in allem einzuhalten, nichts zu vernachlässigen, aber auch nichts zu übertreiben.

UMKEHR

Herr, wie wenig von dem, was du mich lehrst, habe ich bisher begriffen und in die Tat umgesetzt. Auf vieles Sinnlose richte ich mein Augenmerk, ohne es zu durchschauen.

Nutzloses nehme ich in Angriff, das mir und anderen schadet. Ich ziehe oft unbewusst Menschen und Dinge an mich, die mich bei näherer Betrachtung nach unten ziehen. Ich vergeude oftmals meine Zeit mit völlig überflüssigen Inhalten und merke es nicht einmal.

Doch dich, Herr, das Höchste und Notwendigste, vernachlässige ich. Warum lebe ich so stark nach außen und lasse mich gern von Äußerlichkeiten einnehmen?

Nach all dem, Herr, was du mir zu verstehen gibst, habe ich den starken Wunsch, umzukehren und mich mehr nach innen zu wenden. Darf ich um deine Hilfe bitten, damit es mir gelingt?

UMKEHR

Ich sehne mich
nach tiefer Ruhe in dir und nach Frieden,
den nur du, Herr, gewähren kannst.
Immer wenn ich diesen deinen Frieden
erfahren darf, diese heilige Freude,
erfüllst du meine Seele mit Licht, und sie
möchte immerfort dein Lob verkünden.
Entziehst du dich mir,
nein, wenn ich mich von dir entferne,
dann verlasse ich
den von dir gewiesenen Weg.
Sobald ich es einsehe,
schäme ich mich vor dir
und bitte um Verzeihung.
Die Erinnerung an gestern und vorgestern,
als deine Leuchte noch über mir strahlte,
lässt mich umkehren.
Denn ohne dich bin ich
gegen die eindringenden Versuchungen
nicht geschützt.

UMKEHR

Deine Liebe,
die mir trotz meiner Fehler
und Unaufrichtigkeiten zukommt,
hilft mir in belasteten Lebenssituationen,
bewahrt mich vor Gefahr und rettet mich
vor unzähligen Abgründen.
Ja, Herr, ich habe mich eigennützig
selbst zu sehr geliebt
und mein Ich zur Mitte von allem gemacht.
Und dabei habe ich mich selbst
und dich verloren.
Und dann sprachst du zu mir.
Ich habe dich erkannt und in deinem Licht
mich selbst wieder gefunden.
Deine Liebe hat meine Liebe zu dir geweckt
und mich fähig gemacht, wiederzulieben.
Seither gehe ich meinen Weg mit dir oder –
besser: Seither gehe ich deinen Weg mit dir.
Deine Liebe, die du, Herr, mir erweist,
übersteigt alles, was ich zu hoffen
oder zu bitten wage.

UNSICHERHEIT

Herr, es verlangt mich danach,
vor dir meine Schwachheit zu bekennen.
Kleinigkeiten sind es immer wieder,
die mich mutlos und traurig machen.
Ich nehme mir vor, entschlossen zu handeln –
bei der kleinsten Versuchung jedoch
gerate ich in Zweifel,
und Unsicherheit überfällt mich.
Eine ganz unbedeutende Sache ist imstande,
mich aufzuregen
und mich mit Unmut zu erfüllen.
Und wenn ich mich sicher glaube,
kann mich schon ein leichter Windstoß
samt all meiner Sicherheit zu Boden werfen.
Nimm alle Unsicherheit von mir
und stärke mein Leben.

UNTERSCHEIDUNG

Lehre mich, Herr,
das zu begreifen, was ich begreifen soll, und
die Zeichen wahrzunehmen,
die du mir vor Augen führst.
Mach mein Herz weit und lass mich lieben,
was zu lieben du für mich vorgesehen hast.
Schenke mir die Gabe der Unterscheidung,
um das zu würdigen, was kostbar ist,
und das abzulehnen,
was das Leben hemmt und zerstört.
Gib mir eine weite und tiefe Wahrnehmung,
sodass ich mich nicht
von Äußerlichkeiten blenden lasse
und nicht nach dem Hörensagen urteile.
Schenke mir Einsicht
in die geistigen und materiellen Dinge –
so, wie sie wirklich sind.
Lass mich in allem
deinen Willen erkennen
und befähige mich,
ihn tatkräftig umzusetzen.

VERGÄNGLICHKEIT

Dass menschliche Gefühle, Gedanken und die Akzeptanz durch andere instabil und schnell vergänglich sind, habe ich leidvoll erfahren.

Herr, baue mir eine Brücke vom Vergänglichen zum unvergänglich Ewigen. In meinem Gebet übe ich mich darin, mich ganz auf dich zu verlassen.

Erfülle mich mit deiner Gnade und hilf mir, mein Leben in dieser Welt zu bestehen. Lass meine Seele für immer Heimat finden in dir.

VERGEBUNG

Herr Jesus Christus,
selbst unter den größten körperlichen
und seelischen Schmerzen
hast du noch für diejenigen gebetet,
die dir diese Qualen zufügten.
Vergib mir meine Schuld
und gib mir die Kraft, denen zu vergeben,
die mir Unrecht tun.
Du bist gütig und liebevoll
zu allen Menschen,
obwohl wir uns immer wieder
von dir und deiner Liebe entfernen.

Was kann ich anderes tun, um frei von der Belastung durch meine Sünden zu werden, als mir meine Schuld bewusst zu machen und dich, Herr, zu bitten, mir zu vergeben?

~ So stehe ich jetzt vor dir mit dem Versprechen, alles zu meiden, was mich bisher von dir getrennt und mich belastet hat. Ich will still sein und es schweigend hinnehmen, wenn ich als Folge meiner Sünden schwere Stunden durchzustehen habe.

~ Verzeih mir, Herr, meine Vergehen, erfülle mein Herz mit Freude und erleuchte meine Seele. Sie hat immer nach dir verlangt und gerufen, doch habe ich lange Zeit ihre Sprache nicht verstanden.

~ Du, Herr, weißt, was in jedem neuen Augenblick für mich das Beste ist. Daher vertraue ich dir mein Leben an und sage Ja zu dem, was du mir zukommen lässt. Du hast ein gütiges, liebendes Herz und unendliches Erbarmen.

VERSENKUNG

Oft wollte ich zu hoch hinaus und habe dabei meine Mitte verloren. Du, Herr, hast mich aus Sorge und Liebe in meine Grenzen zurückgewiesen. Ich weiß, dass sie zu mir gehören, dass ich sie aber auch mit deiner Hilfe überschreiten kann.

~ Deine Güte ist grenzenlos, deine Treue unendlich. Deine Urteile sind tiefer als der Ozean. Bei dir, Herr, ist die Quelle des Lebens. Schenke mir die Gnade und die Einsicht, damit ich mich immer wieder in deinen Grund versenken kann.

~ Denn ohne dich ist meine Last unerträglich, mein Weg ohne Ziel – wie ein Meer, das uferlos vor mir liegt. Ich will mich dir anvertrauen, ohne zu wissen, wohin mich mein Weg führt. Alles Gute, Herr, kommt von dir, und ohne dich kann ich nichts tun.

VERSUCHUNG

Zu dir, unserem Vater,
nehmen wir unsere Zuflucht und bitten dich:
Führe uns nicht in Versuchung.
Und wenn sie an uns herantritt,
so führe uns in der Versuchung
und gib uns Geleit.
Wie oft habe ich sie
nicht rechtzeitig erkannt.
Daher rufe ich deinen Namen und dich
um Hilfe an.
Schenke mir größere Sicherheit
im Erkennen widergöttlicher Kräfte
und eine Möglichkeit, sie abzuwehren.

VERSUCHUNG

Vieles, von deiner geoffenbarten Weisheit, Herr, geht in mein Herz ein und wird zu einem inneren Bestandteil meines Lebens. Und doch schleicht sich immer wieder gefährliche Lust ein, die massiv nach Erfüllung verlangt.

~ Sie ist mit ihrer fast unbändigen Kraft in der Lage, meine Ruhe und Überlegenheit zu zerstören und mich abseitige Wege zu führen. Manchmal – ohne es recht zu wissen – gehe ich diese Wege sogar. Und ich frage mich, was ich wirklich von dir, Herr, begriffen habe und wie es mit mir weitergehen soll!

~ Nimm meine Schwächen an und wandle sie in Stärke. Ich möchte mein äußeres und inneres Leben nach dir ausrichten und keinen trügerischen Versuchungen mehr zum Opfer fallen. Lass mich das Rechte erkennen, die vielfältigen Blendungen durchschauen und kluge Entscheidungen treffen.

VERSUCHUNG

Vor dir, mein Herr und mein Gott,
ist nichts verborgen, und du siehst,
wie mich alte verführerische Kräfte,
die ich längst aufgelöst glaubte,
immer wieder besetzen
und mein Bewusstsein trüben.
In ihnen atmet nicht dein Heiliger Geist,
denn sie wollen spalten
und mit mir eigene Wege gehen.
Wie könnte ich ohne dich, Herr, leben
und meinen Alltag bestehen?
Neue Versuchungen treten an mich heran
und wollen mich zu Fall bringen.
Gerade bin ich mit einer Widerwärtigkeit
fertig geworden –
da fällt mir bereits unerwartet
eine neue in den Rücken.
Ohne dich und deine Hilfe
würde ich versagen
und mein Leben wäre trostlos.

VERSUCHUNG

Du, Herr, lässt es zu,
dass Versuchungen an mich herantreten.
Ich bitte dich nicht darum,
dass sie mir erspart bleiben.
Doch bitte ich dich um deinen Beistand:
Sende mir deinen Heiligen Geist,
der mich davor bewahren möge,
in Versuchungen verstrickt zu werden
und in der Versuchung zu fallen.
Wenn auch auf vielen meiner Wege
die Verfolger lauern,
um mich zu Fall zu bringen:
Es wird mir kein Unheil geschehen,
bist du an meiner Seite.

VERTRAUEN

Auf dich allein, Herr, setze ich meine ganze Hoffnung und mein Vertrauen. Du bist meine Zuflucht und meine Rettung. Mit allem, was ich nicht verstehe, was mich bedrückt und bedrängt, komme ich zu dir.

~ Wenn du, Herr, mir nicht beistehst, wenn du mich nicht stärkst, wenn du mich nicht belehrst und schützt, dann wird keine Freundschaft und keine Liebe für mich Bestand haben, können alle starken Helfer mir nicht helfen, sind die besten Ratgeber nicht imstande, mir einen klugen Rat zu geben, sagen die gelehrtesten Bücher mir nichts, bleibt die beste Arznei ohne Wirkung, kann kein Ort, und sei er noch so abgelegen und schön, mir Schutz gewähren, findet meine Seele weder Frieden noch die Ruhe, die du mir verheißen hast.

~ Steh mir zur Seite, Herr, hilf mir, sei du meine Stärke, belehre und schütze mich.

Herr, lass mich erkennen, warum die Anfeindungen kein Ende nehmen! Viele sind es, die sich gegen mich erheben. Ich habe nach Menschen gesucht, die Mitleid in ihrem Herzen hegen. Ich habe gesucht und sie nicht gefunden.

Zu dir erhebe ich voll Vertrauen meine Seele, zu dir, der es gut meint mit allen. Ich glaube an dich als die Quelle rechten Lebens. In den Tagen der Prüfung, von allen verlassen, breite ich mein Inneres vor dir aus.

Du erfüllst mich mit deiner liebenden Gegenwart. Ich kann die Verfolgung der Menschen ertragen, denn in dich setze ich all mein Vertrauen.

VERTRAUEN

Du, Herr, erhältst mich am Leben,
jetzt, hier auf dieser Welt und in Ewigkeit.
Was wäre ich ohne dich,
wenn dein Erbarmen und deine Gnade
mich nicht stärkten?
Wende dich mir zu
und erhelle die Dunkelheit in mir,
denn meine Seele dürstet nach dir
wie trockenes Land ohne Wasser.
Lehre mich deinen Willen zu tun,
denn du bist mein Gott.
Dein guter Geist leite mich auf ebenem Pfad.
Du bist meine Weisheit,
nach der ich mich richte,
du kennst mich in Wahrheit
und weißt um mich,
noch bevor ich geboren wurde.

Herr Jesus Christus,
du hast dich ganz dem Vater anvertraut.
Immer wieder hast du in deinem Leben
deinen Geist in seine Hände gelegt –
bis du durch den Tod
in seine Herrlichkeit aufgenommen wurdest.
Zeige auch mir den Weg der Hingabe,
damit ich dir ähnlich werde
und der Wille des Vaters an mir geschehe.
Führe mich nicht in Versuchung,
sondern erlöse mich von dem Bösen.
Denn dein ist das Reich und die Kraft
und die Herrlichkeit.

VERTRAUEN

Was ist unter all deinen Geschöpfen,
Herr, der Mensch vor dir?
Wie vermessen wäre es von mir,
würde ich mich meiner rühmen.
Dir gehöre ich, dein bin ich,
und von dir bin ich ausgegangen,
um zu dir wieder zurückzukehren.
Möge die Zeit nicht mehr fern sein,
in der du allein in meinem Inneren
die höchste Stelle einnimmst,
ich vertrauend meinen Geist
in deine Hände legen darf
und du mir zum Ziel meines Lebens wirst.
Worte sind auf diesem Weg
nicht erforderlich.
Wer jedoch viel darüber redet,
läuft Gefahr, mit dem Echo seiner Worte
selbst zu schwinden.
Deine Treue jedoch, Herr,
bleibt in Ewigkeit.

VOLLENDUNG

Ich weiß, Herr, dass ich in dieser Welt keine endgültige Bleibe und Ruhe finden werde und ebenso, dass mein Wünschen und Denken keine vollständige Erfüllung erfahren. Vieles bleibt Fragment, doch du wirst in der kommenden Welt das Fehlende ergänzen und somit das Begonnene zur Vollendung führen.

~ Könnte ich alle Freuden dieses Lebens genießen, so weiß ich, dass dieser Genuss keinen langen Bestand und allzu schnell ein Ende hat.

~ Meine Seele verlangt in mir nach Vollendung und dass sie ewig währt. Sie weiß, dass sie diese Erfüllung nur in dir allein finden kann.

VOLLENDUNG

Du, Herr,
bist mein Heil und mein Retter.
Ich preise dich:
Du willst die Individualität eines jeden.
Du bewahrst alle Menschen
vor einem endgültigen Absturz.
Du verzeihst liebend all unsere Fehler.
Du bringst das verschüttete Gute in uns
wieder ans Licht.
Du ordnest die Unordnung und führst
alle Menschen und die gesamte Schöpfung
zur Vollendung.
Ich lobe und preise dich, Herr,
aus ganzem Herzen.

VORSEHUNG

In deiner liebenden Vorsehung und Güte hast du, unser Herr und Gott, dafür gesorgt, dass deine Strahlkraft der Liebe bis in alle Räume und Herzen der Schöpfung dringen kann.

~ Du, Herr Jesus Christus, hast als Mensch gewordener Gottessohn diesen Weg aufgezeigt, der sogar in das äußerste Leiden und Sterben dieser Welt Licht und neue, Leben spendende Hoffnung bringt.

~ Erfülle du unsere Herzen mit deiner Liebe und stehe allen bei – besonders denen, deren Leben in dieser Welt zu Ende geht.

WAHRHEIT

Du, Herr,
bist das Wort, die Wahrheit und das Leben.
Berühre mich mit dem Feuer deiner Liebe,
damit die Wahrheit mich durchdringt
und ich das ewige Leben habe.
Nicht durch Lesen und Hören
werde ich deine Liebe empfangen,
sondern in dir ist alles,
wonach mein Herz sich sehnt.
Verstummen mögen alle Lehren
und schweigen alle Geschöpfe
vor dir als der ewigen Wahrheit.
Sprich du zu mir.

Herr, was du lehrst,
soll in mir wahr werden.
Deine Wahrheit soll mich lehren,
sie soll mich behüten und mein Leben
auch jenseits dieser Welt bewahren.
Du selbst bist die Wahrheit und das Leben,
und so bitte ich dich, mir zu helfen,
meine schlechten Gewohnheiten abzulegen,
meine Liebe zu kultivieren und
mich von allen unguten Eigenschaften
zu befreien.

WAHRHEIT

Herr, ich habe bitter erfahren müssen,
wie Menschen die Wahrheit verdrehen
und zu ihren Gunsten auslegen –
rücksichtslos und egoistisch.
Doch du bist
die allein gültige und ewige Wahrheit,
die ich aus meinem Inneren vernehmen darf.
Ich weiß und spüre,
dass du bei mir und überall mit mir bist.
Ich bitte dich, mir auch weiterhin
überall und zu jeder Zeit beizustehen.
Ich glaube nicht,
dass du dich jemals von mir zurückziehst.
Sollte ich deine Nähe einmal nicht spüren,
so bin ich es,
der sich von dir entfernt hat.

WANDLUNG

Sei gepriesen, Herr, du mein Gott!
Du wandelst in mir Dunkelheit in Licht.
Aus dem getrübten Wasser meiner Seele
machst du, o Herr, eine sprudelnde Quelle.
Du spendest in Fülle
und lässt sie überfließen,
damit auch der Durst anderer gestillt werde.
Lob sei dir, Herr, du mein Gott!

Herr, immer neue Gnaden darf ich empfangen, indem du meine Seele aufrichtest, Verwundetes heilst und mir große innere Freude zukommen lässt.

~ Durch deine liebevolle Zuwendung und Führung bringst du mich auf den rechten Weg und lässt mich eigene Erfahrungen machen, damit ich die Wahrheit besser erkenne.

~ Oft kam ich hart, kalt und unbeständig zu dir, und du, Herr, hast mich gewandelt und mir neues Leben geschenkt. Gibt es überhaupt jemanden, der sich dir nähert, ohne reichlich von dir beschenkt zu werden? Wer steht schon neben einem großen Feuer, ohne von ihm erwärmt zu werden?

~ Du gleichst der nie versiegenden Quelle, aus der zu trinken alle eingeladen sind, und dem nie erlöschenden Feuer, das alle Herzen und Seelen entflammen möchte.

WANDLUNG

Wie könnte ich das Leben lieben,
das viel Bitterkeit in sich birgt
und zu einem großen Teil
dem Leid ausgesetzt ist,
wenn du, Herr, nicht an meiner Seite wärest
als Sieger über alles Leid und den Tod?
Somit ist es uns gegeben,
uns trotz der Schattenhaftigkeit
immer neu dem Licht zuzuwenden
und in ihm Freude zu finden.
Wenn auch manches in der Welt
widergöttlich ist,
so werden wir es mit der Kraft der Liebe,
die du in uns eingepflanzt hast,
überwinden und wandeln.
Allein wichtig ist,
dass wir uns nicht beherrschen lassen
von schlechten Gewohnheiten und Begierden,
sondern durch dich
in die Lage versetzt werden,
sie zu beherrschen und abzulegen.

WANDLUNG

Meine Sehnsucht besteht darin,
mich dir, Herr, zuzuwenden,
um von dir Gnade über Gnade zu empfangen.
Ich weiß, dass alles andere in meinem Leben
danach kommt und du, Herr,
die erste Stelle einnimmst.
Ich weiß, dass es dir gefällt,
wenn ich mich im Gebet an dich wende
und mich dir zur Verfügung stelle.
Ich darf durch dich
eine wunderbare Wandlung erfahren:
Dunkles und Widergöttliches verlassen mich,
ungeordnete Gefühle werden kultiviert
und die Kraft deines Heiligen Geistes
erfüllt mein Herz und meine Seele
mit Liebe und Licht.
Damit ich mich immer dir verbunden fühle,
rufe ich deinen Namen an,
verzichte auf das, was mich von dir ablenkt,
und bescheide mich in dieser Welt,
damit ich ganz in dir beheimatet bin.

WANDLUNG

Deine Liebe und deine Barmherzigkeit,
Herr, erleuchten die dunkelste Dunkelheit
im menschlichen Herzen.
Du schenkst Wandlung zum Licht.
Wie groß müssten der Dank und das Lob
dafür sein!
Heil und Segen schenkst du uns
durch das Gastmahl,
das du aus Liebe zu uns eingesetzt hast.
Wie wunderbar ist dein Wirken,
wie mächtig deine Kraft,
wie unerschütterlich deine Wahrheit.
Du sprachst, und alles geschah,
wie du gesprochen hast.

WEGWEISUNG

Herr, du zeigst mir den Weg,
und nichts soll mich daran hindern,
ihn zu gehen.
Du, Herr, bist meine Hoffnung,
mein Ziel und mein Heil.
Du bist der Höchste.
Nichts kommt dir gleich.
Du befreist mich von dem,
was sich schwer um meine Seele legt,
sodass ich deine Stimme in mir wieder hören
und deine Gegenwart spüren kann.
Du führst mich nicht nur
in ein tieferes Schweigen vor dir,
sondern bewegst auch mein Inneres,
damit ich mein Leben vor dir entfalten kann.

WEGWEISUNG

Wer mit dir, mein Herr und mein Gott,
auf dem königlichen Weg
der Wahrheit und des Lebens unterwegs ist,
leidet keine Not und ist fern jedem Abgrund.
Und wenn ich auch falle,
so bist du es, Herr, der mir die Hand
zum Aufstehen und Weitergehen reicht.
Und falle ich wieder und wieder
in alte und schlechte Gewohnheiten,
so lässt du mich dennoch
nicht zugrunde gehen.
Du richtest mich auf
und schenkst mir erneut deine Liebe.
Die Dinge der Welt sollen keine Macht mehr
über mich haben.
Im Gebet der Hingabe
will ich mich ihrer entledigen,
um ganz für dich, o Herr, da zu sein.
Ich freue mich und danke dir,
mit dir zusammen
diesen geheimen Weg der Liebe zu gehen.

WEGWEISUNG

Gib mir die Kraft,
meine Augen und die meiner Innerlichkeit
auf dich zu richten, dass ich mich nicht
in falscher Sicherheit dieser Welt wiege
und mich nicht ihren Gefahren und
wechselnden Meinungen aussetze.
Du, mein Herr und mein Gott,
du bist mein Vater,
der mich nicht zugrunde gehen lässt,
sondern die Dunkelheit in mir
in Licht verwandelt.
Herr, möge ich dich niemals verlassen.
Durch deine Gnade vermagst du,
allen und mir die Augen zu öffnen.
Lass es nicht zu,
dass sie jemals wieder geblendet werden.

WEGWEISUNG

Wie unendlich dankbar bin ich dir,
dass du mir – ja, dass du allen –
durch dein Leben, deinen Tod
und deine Auferstehung
den Weg zum Ziel allen Lebens gewiesen hast
und immer neu weist.
Er ist lichtvoll und leicht.
Wir gehen ihn zusammen mit dir,
und unser Weg wird zu deinem Leben.
Weil du, Herr, uns vorausgegangen bist
und alle Stationen durchlebt
und durchlitten hast,
wurdest du unser Heiland und Retter.
Glaubend und vertrauend folgen wir dir.
Doch was wäre aus uns geworden,
wenn wir in dir nicht das strahlende
und wegweisende Licht sähen?

WEISHEIT

Je mehr ich es lerne,
auch in meinem tiefsten Inneren loszulassen,
umso schneller
wird mir deine Gnade entgegenkommen,
die meine Seele erhebt
und über sich selbst hinausführt.
Ich weiß, Herr,
meine Worte allein und das Wissen
haben wenig Wert,
wenn mir die Erfahrung fehlt.
Wie oft erlebe ich es,
dass mich die Erdenschwere nach unten zieht,
weil mich etwas derart beschäftigt,
dass ich es nicht einmal
in Zeiten des Gebetes loslassen kann.
Schenke mir, Herr, deine Gnade,
die mich das Lassen lehrt
und mich mit Weisheit erfüllt.

WEISHEIT

Herr, schenke mir himmlische Weisheit,
die mir einleuchtet und die mich lehrt,
dich zu suchen und zu finden.
Lass mich sensibel werden,
um deine Gegenwart zu spüren,
und gib mir ansatzweise die Kraft,
dich mit der Liebe wiederzulieben,
mit der du mich seit Anbeginn liebst.
Gewähre mir Einblick
in größere Zusammenhänge der Schöpfung
und der menschlichen Schicksale,
sodass ich durch deine Weisheit
wahre Werte erkennen
und sie von unwahren unterscheiden kann.
Schenke mir Einsicht
in menschliches Verhalten,
sodass ich gerecht handeln
und meinen Widersachern begegnen kann.
Nur durch deine Weisheit, Herr,
vermag ich auf dem begonnenen Weg
sicher fortzuschreiten.

WORT GOTTES

Mach mich aufgeschlossen für dein Wort,
dass auch mein Herz
deine Botschaft vernimmt.
Herr, sprich du zu mir – allein du.
Keiner außer dir soll mich unterrichten
– weder Mose noch sonst ein Prophet,
weder ein Engel noch sonst ein Gesandter,
weder ein König noch sonst irgendein
Mensch.
Du selbst, Herr,
hast sie ja alle gelehrt und erleuchtet.
Ohne dich können wir nichts
und rein gar nichts vollbringen.

Herr, ich danke dir für dein Wort,
das du immer wieder an mich richtest.
Es schenkt mir Trost
und ist Nahrung für meine Seele.
Was würde in Zeiten meiner Bedrängnis
und Angst aus mir werden,
wenn du mich nicht
mit deinem heiligen Wort stärktest?
Du wirst mir Heil in Fülle schenken
– darauf vertraue ich.
Ist diese Zeit gekommen,
werde ich sicher nicht mehr zurückdenken
an die Leiden, die ich ertragen musste.
Wenn du mich aus dieser Welt rufst, Herr,
so lass mich wohlvorbereitet,
ruhig und bei vollem Bewusstsein sterben.
Gedenke meiner, mein Gott,
und geleite mich auf dem rechten Weg
in dein Reich.

WUNDERBARE WEGE

Herr, ich weiß mich von dir geliebt,
und meine Seele möchte sich
vollkommen deiner Liebe öffnen,
weil sie dich liebend erfährt.
Unter allen Zwängen des Alltags
und des Erwachsenseins spüre ich,
wie meine Seele zum Kind wird
und vertraut mit dem eigenen Vater spricht,
den es über alles liebt.
Herr, welch wunderbare Wege
gehst du mit uns.
Lass nicht zu,
dass ich mich jemals von dir trenne.

ZEICHEN

Herr, du schickst mir Zeichen
auf meinen Weg, die ich wahrnehmen darf.

Lass mich alle Zeichen erkennen, die aus deiner Liebe zu mir geboren sind. Sie geben mir einen tieferen Einblick in das Geheimnis deines Wesens und machen mein Inneres hell.

Ich weiß, Herr, dass du mein Leben in allem und durch alles unterstützt, um es zum ewigen Leben zu führen. Und doch versage ich immer wieder und falle in Angst.

Öffne mir die Augen für das Wunder deiner Liebe, nimm mir die Angst und lass es licht in mir werden.

ZERSTREUUNG

Du, Herr, bist der Quell ewiger Liebe. Sprachlos und staunend stehe ich vor dir. Deine Liebe hast du mir niemals entzogen. Auch dann hast du mich geliebt, als ich mich von dir abwandte und sündigte. Mehr als ich je hoffen durfte, gewährst du mir Vergebung und schenkst mir dein Erbarmen. Du legst deine Hand auf mich und gibst mir deine Gnade und Freundschaft. Wie soll ich dir danken, Herr?

~ Nicht jedem ist es gegeben, der Welt wie auch bestimmten Lebenskräften zu entsagen und ein kontemplatives Leben in einem Orden zu führen. Es ist nichts Großes, Herr, wenn ich versuche, dir auf meine Weise in der Welt und mit allem, was mich ausmacht, entgegenzukommen.

~ Allein groß und wunderbar ist es in meinen Augen, dass du mich trotz der Last, die ich auf mich geladen habe, so liebst, als gäbe es sie nicht.

ZUVERSICHT

Von tiefer Innigkeit
und Ergriffenheit im Glauben
bin ich leider noch weit entfernt.
Sei mir gnädig, mein Herr und Heiland,
und sende mir nur einen Funken
deiner Liebe in mein Herz,
sodass es sich für dich entflammt.
So wird mein Glaube an dein Wort
neu belebt werden,
meine Zuversicht wird Wurzeln schlagen
in deiner Güte,
und die Liebe möge niemals mehr erlahmen,
nachdem sie durch dich entflammt
und durch das Brot des Himmels
gestärkt wurde.

ZUVERSICHT

Dunkle Gedanken überfallen mich, o Herr,
und ich weiß mich ihrer nicht zu erwehren.
Du hast mich erschaffen
und trägst Sorge für mich.
Du bist mein Vater und Freund,
der es unendlich gut mit mir meint.
Du hilfst allen, die zu dir rufen.
So bitte ich dich, komm auch mir zu Hilfe
und lass es licht in mir werden.
Die ganze Schöpfung möge dich preisen,
dich, den Herrn des Himmels und der Erde.
Hinausrufen in die ganze Welt
möchte ich deine Treue.
Auch die, die dich verlassen,
verlässt du nie.
Und wenn du mich auch
durch Täler des Lebens schickst,
so wirst du mir trotzdem
das Übermaß deiner Liebe offenbaren.
Herr, gib mir Worte, deine Werke zu preisen,
wie meine Seele sie erkennt.

ZUM AUTOR

Dr. Peter Dyckhoff, 1937 in Rheine geboren, studierte Psychologie und war viele Jahre als Geschäftsführer eines Industriebetriebes tätig. Mit vierzig Jahren wagte er den Neuanfang und studierte Theologie. 1981 zum Priester geweiht, war er als Gemeinde-, Wallfahrts- und Krankenhausseelsorger tätig. Bischof Dr. Josef Homeyer ernannte ihn zum Spiritual und beauftragte ihn mit dem Aufbau und der Leitung der bischöflichen Bildungsstätte „Haus Cassian". Seit 1999 lebt Peter Dyckhoff in der Nähe von Münster. Er ist anerkannter Experte für das christliche Ruhegebet und wurde 2006 über dieses Thema zum Doktor der Theologie promoviert. Seine reichen Erfahrungen gibt er durch Fernseh- und Radiosendungen, als Autor von zahlreichen Büchern zur christlichen Gebetslehre und -praxis sowie in der Ausbildung von Lehrenden des Ruhegebetes weiter.

www.PeterDyckhoff.de

Ausgewählte Bücher zum Gebet von Peter Dyckhoff

* Das Ruhegebet einüben. Verlag Herder, Freiburg 2011

* Auf dem Weg in die Nachfolge Christi. Geistlich leben nach Thomas von Kempen. Verlag Herder, Freiburg 2004

* Dem Licht Christi folgen. Inspirationen für ein christliches Leben. Verlag Herder, Freiburg 2012

* Ruhegebet. Don Bosco Verlag, München 2009

* Einfach beten. Don Bosco Verlag, München 2001

* Aus der Quelle schöpfen.
  Das innerliche Gebet nach Teresa von Avila.
  Verlagsgemeinschaft topos plus, Kevelaer 2011

* Im Feuer deiner Liebe. Gebete auf dem Weg des Glaubens. Verlag Herder, Freiburg 2009

* Finde den Weg. Geistliche Wegweisung nach Miguel de Molinos. Don Bosco Verlag, München 1999

* 365 Tage im Licht der Liebe. Geistlich leben nach Johannes vom Kreuz. Verlag Herder, Freiburg 2007

* Einübung in das Ruhegebet. Eine christliche Praxis nach Johannes Cassian. 2 Bd. Don Bosco Verlag, München 2006

* Sonnenuntergänge. Vom Abschied aus dieser Welt.
  Verlag Herder, Freiburg 2010

* Maßlose Hoffnung. Worte, die aufrichten.
  Sankt Ulrich Verlag, Augsburg 2008

…bliografische Information: Deutsche Nationalbibliothek.
Die Deutsche Nationalbibliothek verzeichnet diese Publikation in der Deutschen Nationalbibliografie; detaillierte bibliografische Daten sind im Internet über *http://dnb.ddb.de* abrufbar.

IN DER STILLE VOR DIR
Gebete
Media Maria Verlag, 2. Auflage 2013
Der Titel ist bereits im Herder Verlag im Jahr 2006 erschienen.

ISBN 978-3-9815698-0-3

Umschlaggestaltung:
Finken & Bumiller, Stuttgart
Innengestaltung:
Weiß – Grafik und Buchgestaltung, Freiburg

www.media-maria.de